Oiseaux chanteurs

Texte de Karel Šťastný
Illustrations de Petr Rob

Gründ

Garantie de l'éditeur

Malgré tous les soins apportés à sa fabrication, il est malheureusement possible que cet ouvrage comporte un défaut d'impression ou de façonnage. Dans ce cas, ce livre vous sera échangé sans frais.
Veuillez à cet effet le rapporter au libraire qui vous l'a vendu ou nous écrire à l'adresse ci-dessous en nous précisant la nature du défaut constaté.
Dans l'un ou l'autre cas, il sera immédiatement fait droit à votre réclamation.

Librairie Gründ - 60, rue Mazarine - 75006 Paris

Texte original de Karel Šťastný
Adaptation française de Yvette Joye
Illustrations de Petr Rob
Arrangement graphique par Aleš Krejča
Septième édition française 1997, par Librairie Gründ, Paris

ISBN: 2-7000-1801-X
Édition originale 1980 par Artia sous le titre *Pěvci*

(Première édition par Artia, Prague 1980)
Imprimé en République tchèque
3/15/02/53-07

INTRODUCTION

Il existe sur terre quelque 20 000 espèces d'oiseaux. Pour plus de la moitié, ce sont des passereaux — en général des oiseaux chanteurs. Les chanteurs forment le groupe d'oiseaux les plus divers, on les rencontre dans toutes les parties du monde, ils peuplent tous les habitats allant du bord des fleuves, des lacs et des étangs jusqu'aux plus hautes montagnes, des forêts tropicales ou des steppes surchauffées jusqu'à la taïga glaciale et la toundra septentrionale. Comme tous les groupes d'oiseaux, l'ordre des oiseaux chanteurs présente des caractères propres, plus ou moins caractéristiques.

Morphologie

Les caractères extérieurs des oiseaux chanteurs, en ce qui concerne la taille, le bec, les pattes, la forme des ailes et de la queue, la structure des plumes et leurs couleurs, sont extraordinairement diversifiés. Il est cependant possible de trouver chez eux quelques traits généralement communs. Notre dessin décrivant les différentes parties du corps de l'oiseau facilitera la compréhension de sa structure.

Au sujet de la taille, les passereaux chanteurs varient des oiseaux petits aux moyens; du Roitelet huppé ou du Roitelet triple-bandeau pesant de cinq à six grammes, jusqu'au Grand Corbeau qui peut peser jusqu'à 1,2 kg.

Chez la plupart des oiseaux chanteurs, le bec est court ou moyen, sans denture, et de formes diverses selon la manière dont l'oiseau se nourrit. Le bec des granivores est conique, dur, souvent muni de coches, entailles ou crans, qui le rendent apte à saisir et maintenir les graines dures; le bec des insectivores est le plus souvent fin et pointu, il peut être en forme de pinces pour extraire les insectes des fentes d'écorce, parfois il est aplati et large à la base, et de plus orné d'un long pinceau sur la mandibule supérieure, qui aide l'oiseau à capter les insectes en plein vol.

Leurs pattes sont munies de quatre doigts libres, de longueur moyenne, dont trois sont dirigés vers l'avant et le premier doigt ou pouce, plus fort, est dirigé vers l'arrière. Cette disposition témoigne d'une bonne adaptation à la vie arboricole. Car il est sûr que la plupart des passereaux chanteurs sont des oiseaux arboricoles. Certains

1 Mandibule supérieure *(maxilla)*;
2 Front; 3 Vertex; 4 Joues; 5 Occiput;
6 Nuque; 7 Dos; 8 Couvertures alaires;
9 Scapulaires; 10 Croupion;
11 Sus-caudales; 12 Rectrices;
13 Sous-caudales; 14 Rémiges primaires;
15 Doigts et griffes; 16 Tarse; 17 Ventre;
18 Poitrine; 19 Courbure de l'aile;
20 Jabot; 21 Gorge;
22 Mandibule inférieure *(mandibula)*.

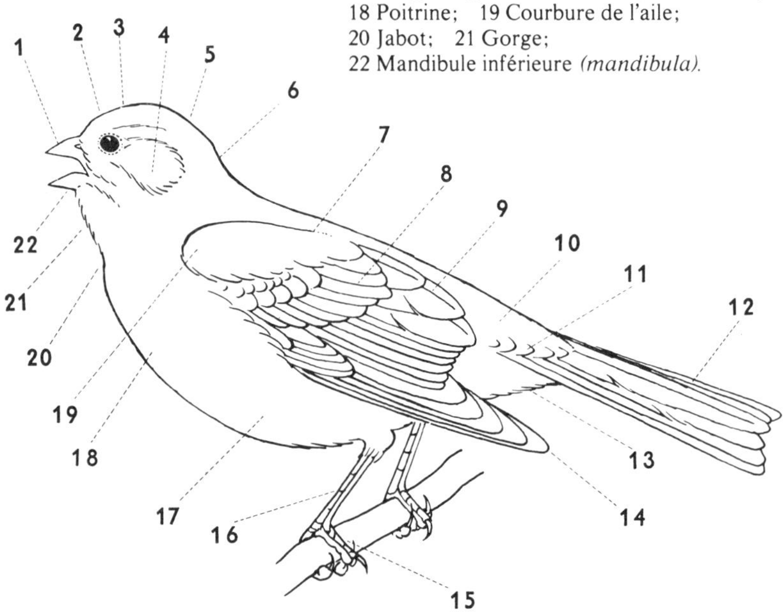

d'entre vous ont déjà dû se demander comment un oiseau peut se tenir sur une branche très mince, dormir et ne pas tomber. Un mécanisme spécial qui ferme automatiquement les doigts autour du rameau, et les maintient dans cette disposition, permet à l'oiseau de réaliser ces acrobaties. Le mouvement de chacun des doigts est gouverné par un faisceau de tendons rattachés à travers la patte au muscle du mollet. Sous l'action du propre poids de l'oiseau posé sur une branche, les tendons de l'arc extérieur de la patte se tendent automatiquement, et par cette tension les doigts se referment. La fermeture des doigts est en outre assurée par une disposition des tendons de la plante du pied, qui présentent en surface des excroissances. Ces rugosités s'accrochent aux protubérances de la peau qui recouvre les tendons. Le poids du corps fait s'incruster les protubérances en forme de dents dans les interstices de la peau qui recouvre les tendons, si bien que ceux-ci sont maintenus sous tension sans aucun effort musculaire.

Les pattes des oiseaux chanteurs sont en outre caractérisées par la couverture du pied. Devant, il y a des plaques; derrière, une surface lisse, unie, dite la botte, en forme de quille de bateau chez presque tous les passereaux chanteurs. Seules les alouettes ont la partie arrière de leur pied couverte de plaques cornées et arrondies.

Le plumage des passereaux chanteurs est le plus souvent assez dru, et le duvet est peu développé. Le Cincle plongeur fait exception à cette règle, avec un duvet très fourni, adaptation manifeste à sa vie aquatique. La grande majorité des passereaux chanteurs vole très bien, en dépit d'une grande diversité de forme de la queue et des ailes. A ce sujet, on peut dire de façon générale que les oiseaux à courtes ailes arrondies volent moins bien, qu'ils hésitent souvent à traverser de grands espaces ouverts (Mésanges), tandis que les oiseaux à longues ailes effilées sont d'excellents voiliers (Gobe-mouches). Chez la plupart de ces oiseaux, la queue compte douze plumes rectrices et l'aile dix rémiges primaires, dont toutefois la première est toujours plus courte. Les rémiges primaires se comptent à partir de l'extérieur, soit du bord de l'aile.

La couleur du plumage est, chez les passereaux comme chez tous les autres oiseaux, l'un des principaux signes distinctifs.

Les plumes doivent leurs couleurs à des pigments, formés de petits rains microscopiques placés dans le rachis, les barbes et barbules. On

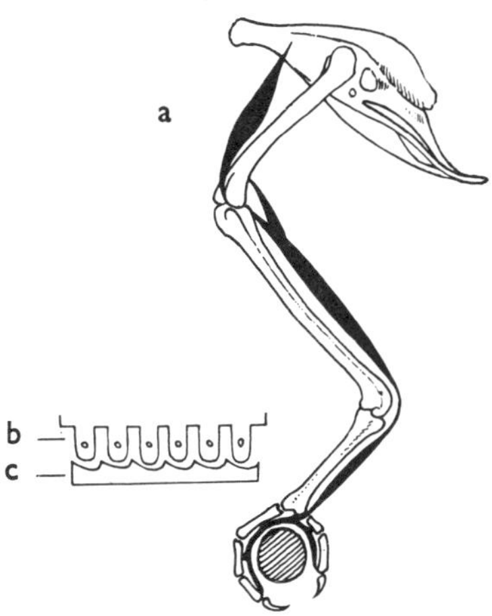

a Représentation schématique du fonctionnement du muscle *Musculus ambilens;* b Tendon avec saillie; c Gaine de tendon avec incisions.

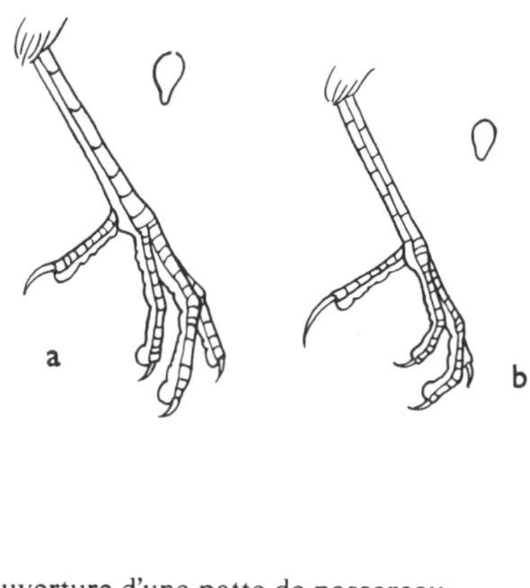

Couverture d'une patte de passereau:
a Patte d'Étourneau (devant des écailles, derrière une surface lisse carénée);
b Patte d'Alouette (les deux parties sont écailleuses, la partie arrière est arrondie, ce qui est visible en coupe).

Aile d'oiseau: 1 Petites couvertures; 2 Grandes couvertures; 3 Rémiges secondaires; 4 Rémiges primaires.

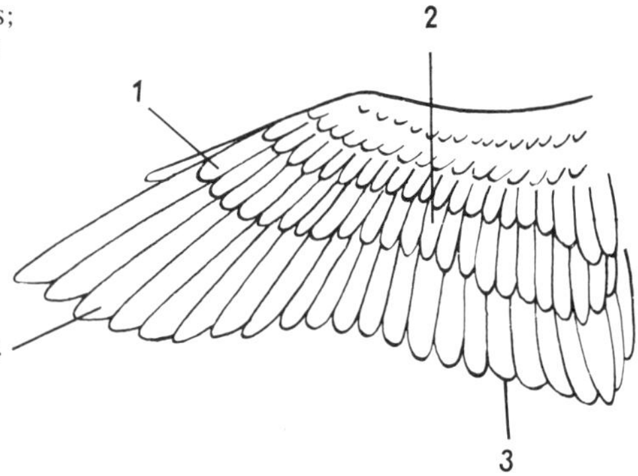

distingue deux groupes de pigments fondamentaux: ceux qui reçoivent leur coloration de la mélanine, substance noire qui donne naissance à des teintes de noir, brun et gris, et ceux qui la reçoivent du lipochrome qui donne des teintes jaunes ou rouges, comme par exemple celles que l'on rencontre chez les Fringilles. Il est intéressant de noter que cette coloration est très instable, et pâlit souvent. Outre ces colorations pigmentaires, des colorations structurelles sont également très répandues, qui résultent de phénomènes physiques, d'effets optiques. Par exemple, la coloration blanche est produite par de l'air emmagasiné dans de petites cellules. Vous avez constaté sans doute que jusqu'à présent nous n'avons pas fait mention des teintes bleues ou vertes. S'il y a de l'air plein les petites chambres cellulaires doublées d'une couche de teinte sombre (mélanines), une teinte bleutée apparaîtra, comme celle que l'on connaît bien sur les plumes du Geai. D'autres combinaisons avec des pigments jaunes font apparaître des teintes vertes. Le remarquable éclat métallique des plumes de Corbeau ou de Corneille est dû à une structure physique de la plume, la lumière se brise dans de microscopiques cellules prismatiques à l'intérieur de la plume.

Une plume complètement développée est entièrement formée de corne cutanée, donc de matière inerte. On sait cependant que les oiseaux modifient leur coloration, même s'ils ne muent pas. Comment font-ils donc? Pour changer de coloris, il leur suffit de lisser leurs plumes ou d'en couper le bout. Par exemple, l'Étourneau sansonnet est nettement tacheté à l'automne, tandis qu'au printemps il revêt une robe sombre, presque unicolore. Il obtient cet effet en usant les pointes claires de ses plumes de contour. Au printemps, le Pinson des arbres acquiert la tête grise en usant le bord brun de ses petites plumes de duvet, si bien que le gris du centre des plumes ressort davantage.

Chez la plupart des passereaux chanteurs, une différence de coloration se marque entre le mâle et la femelle. C'est ce que l'on appelle le dimorphisme sexuel. En général, les mâles sont plus colorés que les femelles. Le dimorphisme sexuel aide surtout à la recherche du sexe opposé; il permet aussi aux mâles d'attirer l'attention sur eux-mêmes, quand ils défendent leur territoire de nidification.

Caractères anatomiques

Les caractères internes sont également très importants chez les passereaux chanteurs. Tous ont une structure spécifique des os du crâne, ils ont au maximum 15 vertèbres jugulaires et leur caecum est presque inexistant. Dans le tube digestif des passereaux chanteurs, le jabot est très développé. C'est, en fait, une partie de l'œsophage renflée en forme de sac, dans laquelle la nourriture, sèche et dure, séjourne un certain temps pour se ramollir. Les oiseaux granivores ont également un estomac musculaire (ou gésier), qui écrase les graines ramollies dans le jabot. Ce broyage est facilité par de petits cailloux et des grains de sable.

La structure de l'organe vocal (syrinx) est un caractère anatomique très important des oiseaux chanteurs, chez lesquels cet organe, par sa construction, permet de ranger les oiseaux dans l'un ou l'autre ordre. Le syrinx est un dispositif assez compliqué, qui permet aux oiseaux de chanter ou d'émettre toutes espèces de vocalises. Certes, il est assez surprenant de voir ranger parmi les oiseaux chanteurs le Grand Corbeau, la Corneille mantelée, la Pie bavarde, le Geai des chênes, dont il paraît difficile de nommer chant les désagréables croassements. Mais ils sont classés de cette façon eu égard au fait qu'ils ont, eux aussi, un organe vocal permettant le chant, formé et situé de la même manière que celui des meilleurs oiseaux chanteurs.

L'organe vocal est situé à l'extrémité de la trachée-artère, là où elle se divise en deux bronches. C'est un petit tambour, formé par la concrétion de quelques anneaux cartilagineux de la trachée-artère et des bronches. On y voit plus de trois paires de petites cordes vocales, bien apparentes. Au point de convergence des parois intérieures des deux bronches, se trouve une petite poutre cartilagineuse, presque osseuse, qui s'avance dans la glotte membraneuse. Le passage de l'air dans l'organe vocal est régularisé par deux fentes, gouvernées par des lèvres extérieures et intérieures, et bordées de membranes qui font office de peau de tambour. La tension de ces peaux de tambour par les

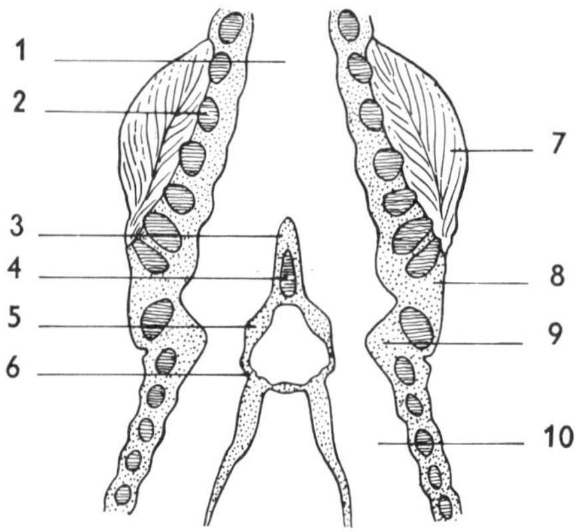

Organe du chant des oiseaux: 1 Trachée; 2 Anneau cartilagineux; 3 Languette; 4 *Pessulus*; 5 Corde vocale intérieure; 6 Diaphragme intérieur; 7 Muscle du chant; 8 Diaphragme extérieur; 9 Corde vocale extérieure; 10 Bronche.

muscles vocaux et la vibration de la glotte produisent le son, qui est de plus renforcé par les sacs pulmonaires voisins.

C'est en principe le mâle qui chante, quoique l'appareil vocal de la femelle ne se distingue presque pas du sien. Le chant des oiseaux est très varié, c'est en fait un véritable langage, dans lequel chaque émission de voix a sa signification spéciale. Beaucoup de manifestations vocales correspondent étroitement à la saison de la reproduction, et ne sont donc émises, uniquement ou principalement, qu'à cette époque. Le chant nuptial se range au premier rang de ces manifestations vocales, nous y reviendrons de façon plus détaillée. Il existe cependant toute une gamme d'autres chants. Chez les espèces qui vivent en société, le cri est le plus souvent un appel, un cri stéréotypé, en général une seule émission de voix qui attire l'attention des autres oiseaux de la même espèce, les appelle, les alerte et les fait venir vers le chanteur. Ce cri, chez les oiseaux, est un réflexe pour inciter leurs compagnons à prendre leur envol ou au contraire à se poser, et pour maintenir entre eux le contact, en cours de vol. Cela apparaît de manière frappante, par exemple dans une volée de Chardonnerets ou de Fringilles. Le cri de mise en garde doit prévenir d'un certain danger. Ce cri est typique de l'espèce, et aussi du genre de danger, et l'on connaît surtout les cris d'alerte du Merle et du Geai. Par exemple, on peut déceler, d'après le style du cri, si le danger provient de l'air (un rapace) ou de la terre (un chat, un homme). D'autres cris expriment par exemple l'angoisse, il y a les cris des petits, etc. Ces différentes émissions de voix peuvent être très nombreuses chez une seule espèce. Par exemple, chez le Pinson, on a dénombré sept sortes d'émissions de voix différentes, tandis qu'on en compte cinquante communes au Gobe-mouches noir et au Gobe-mouches à collier, dont deux seulement se distinguent avec certitude (le chant et l'avertissement).

Reproduction

Presque tous les oiseaux chanteurs de petite taille atteignent leur maturité sexuelle dans l'année suivant leur éclosion, à la seule exception des Corvidés. La plupart des oiseaux vivent en couples, le plus souvent pour de brèves périodes (la Mésange pour toute l'année). Lorsque les oiseaux nichent plusieurs fois par an, en général le couple maintient ses relations maritales durant tout le temps de la nidification, mais il arrive qu'il y ait échange de partenaires lors d'une deuxième nidification. Des cas de polygamie peuvent se présenter, avec plusieurs femelles pour un seul mâle, comme chez le Gobe-mouches noir.

Le plus souvent, la durée du couple correspond au temps des amours. Le mâle essaie alors d'attirer l'attention d'une femelle par diverses manœuvres: il hérisse les plumes, déploie ailes et queue, exécute divers mouvements symboliques, des acrobaties aériennes et quelques manifestations vocales. En ce domaine le chant a une importance considérable pour les passereaux. C'est à tort que l'on considère souvent ce chant uniquement comme une expression destinée à la femelle. Même si en réalité il doit l'attirer, il est aussi destiné, dans une certaine mesure, aux autres mâles voisins. Expliquons-nous: au début de la saison de nidification, la plupart des oiseaux chanteurs s'établissent en un certain territoire, presque toujours choisi par le mâle. Le mâle chante à plein gosier en cet endroit, pour signaler aux autres mâles que ce territoire est occupé, et qu'on y mène bonne garde. Si un autre mâle pénètre dans un territoire déjà occupé, les deux mâles soutiennent aussitôt un combat acharné; on remarque ces scènes dès le printemps, par exemple avec le Rouge-gorge, le Pinson des arbres, le Bruant jaune. Cette lutte se termine régulièrement par l'expulsion de l'un des deux combattants, hors du territoire. La défense du territoire est probablement entrée dans les mœurs des oiseaux, du fait de la nécessité d'assurer aux petits une nourriture suffisante et la tranquillité pour les élever. Vers la fin de la nidification, le mâle cesse de chanter et, le plus souvent, de défendre son territoire. Mais il y a des exceptions, comme le Rouge-gorge anglais, qui est sédentaire et chante toute l'année durant. Le territoire des petits oiseaux chanteurs décrit un cercle de 50 à 70 mètres autour du nid. Parmi les oiseaux vivant en colonies, comme les Corbeaux, le territoire se réduit au nid, soit à portée de coups de bec.

Examinons d'un peu plus près le chant lui-même. Le chant n'est que partiellement inné chez les oiseaux; c'est en écoutant leurs parents qu'ils enrichissent leur registre. Le chant n'est donc pas pareil chez tous les oiseaux d'une même espèce, et l'on peut distinguer de meilleurs chanteurs que d'autres, aussi bien que divers dialectes locaux. Pour qu'un jeune mâle arrive à exécuter d'une façon parfaite le chant de son espèce, il doit écouter de très bons chanteurs. Certaines espèces, qui n'ont pas de chant propre, imitent le chant d'autres espèces (Hypolaïs ictérine).

Le plus souvent, la femelle bâtit seule le nid, parfois le mâle lui apporte les matériaux de construction (Linotte mélodieuse). Il arrive que le mâle entreprenne lui-même la construction d'un nid avant de choisir sa partenaire (Fauvettes), ou alors il ébauche le gros œuvre, et la femelle arrange l'intérieur (Troglodytes). Pour certains passereaux, l'instinct de bâtisseur est si puissant qu'ils édifient plusieurs nids (Troglodytes). Ce sont les chanteurs qui bâtissent les nids les plus parfaits. Ces nids sont, pour la plupart, tissés en forme d'écuelle, mais parfois on remarque des constructions complexes comme le nid sphérique de la Mésange à longue queue, et celui du Pouillot, le petit panier adroitement suspendu de la Rousserolle ou des Loriots, etc. Le plus grand nombre de nids ne servent que pour une seule couvée, et ils ne seront plus réutilisés, après avoir été abandonnés; mais les Mésanges continuent à dormir dans leur nid même après que les petits aient été élevés.

La plupart des oiseaux chanteurs se mettent à couver dès la fin de la pondaison, mais les Corbeaux et les Becs-croisés couvent souvent dès que le premier œuf est pondu. Généralement, c'est la femelle seule qui couve, mais il est fréquent que le mâle lui porte assistance de diverses manières; il monte la garde et nourrit la femelle qui reste au nid (Corvidés) et il arrive aussi que mâle et femelle alternent pour tenir les œufs au chaud (Étourneau sansonnet, Moineau). Le mâle du Troglodyte, lui, ne se préoccupe presque pas de la femelle qui couve.

Ce sont les Mésanges qui pondent le plus grand nombre d'œufs. Elles ne s'arrêtent pas de pondre tant qu'elles n'en ont pas de douze à quinze dans le nid. Le nombre total d'œufs pondus par les oiseaux chanteurs est d'autant plus grand qu'ils connaissent régulièrement deux, sinon trois saisons de nidification. Toutefois l'importance de la couvée est influencée par le climat, et aussi par l'abondance ou la disette de nourriture. Ainsi, l'Étourneau sansonnet, qui niche régulièrement deux fois l'an en Europe centrale, ne fait son nid qu'une fois en Europe septentrionale. Il est intéressant de noter que, du sud au nord, les oiseaux chanteurs ont des couvées de plus en plus nombreuses. Par exemple, le Gobe-mouches à collier pond en moyenne 5,5 œufs en Hongrie, 5,7 en Tchécoslovaquie, et 6,1 en Pologne.

Tous les oiseaux chanteurs sont nidicoles, c'est-à-dire que leurs petits naissent peu développés, nus ou couverts d'un léger duvet, aveugles et sourds, incapables de se mouvoir, et sont donc complètement tributaires des soins apportés par leurs parents. Ces soins comportent avant tout le réchauffement et l'apport de nourriture. Les parents insectivores rassasient un petit à la fois, si bien que, sa faim apaisée, celui-là ne réclame rien pendant un certain temps et les laisse nourrir les autres, à tour de rôle, sans agitation. Les granivores régurgitent hors de leur jabot la nourriture qu'ils donnent à tous leurs petits en plusieurs fois. Les jeunes nidicoles réclament la nourriture en ouvrant largement le bec, tout en poussant de petits cris, ce que ne font pas en général les jeunes oiseaux d'autres espèces. Les parents veillent à l'hygiène du nid en avalant les fientes de leurs petits, pour les recracher hors du nid. Les jeunes des petits oiseaux chanteurs se vident l'intestin après avoir mangé, et il est parfois assez comique d'observer la manière dont les parents attendent, pour cueillir dès qu'elle sort, la fiente de leurs petits. Elle est enrobée dans une fine membrane qui se forme à la partie terminale de l'intestin, si bien que l'oiseau-parent semble emporter une petite vessie gonflée.

Quand l'élevage est terminé, et que les petits quittent le nid, les parents des oiseaux passereaux ont divers comportements vis-à-vis de leur progéniture: parfois ils les chassent et les expulsent de leur territoire (Rouges-gorges), parfois d'autres restent avec eux durant quelques mois (Mésanges) et d'aucuns vivent en communauté, parents et enfants de plusieurs familles, toute leur vie durant (Corvidés).

Classement systématique des passereaux

L'ordre des passereaux se subdivise en unités systématiques, en premier lieu d'après la constitution de leur organe vocal, et subsidiairement d'après les plaques cornées des tarses et la disposition des muscles des doigts. Ce sont donc des caractères qui dépendent peu de l'influence du milieu comme d'autres signes, en apparence plus convenables à la reconnaissance, tels la forme du bec ou celle du corps.

Selon la constitution de l'organe vocal, on divise l'ordre des passereaux en deux groupes distincts:

Dans le sous-ordre des Clamatores, l'appareil vocal n'a que deux (rarement trois) paires de cordes vocales — on range ici les espèces exotiques.

Dans le sous-ordre des Oscinés, le syrinx comporte plus de trois paires de cordes vocales, et souvent de cinq à sept.

Toutes les espèces d'oiseaux chanteurs appartiennent à ce sous-ordre particulièrement nombreux, qui se subdivise lui-même en beaucoup de familles.

DESCRIPTIONS DES ESPÈCES

Alouette Lulu

Lullula arborea

Alouettes
Alaudidae

Dans la nature, nous entendons plus l'Alouette Lulu que nous ne la voyons. Son chant est vraiment remarquable de beauté, et bien des gens considèrent cet oiseau comme meilleur chanteur que le Rossignol. Certes, l'Alouette Lulu chante pendant le jour, mais c'est de préférence par les nuits claires qu'elle nous fait entendre ses trilles flûtés, qui durent au moins une minute. Cette alouette habite volontiers l'orée des forêts de conifères, surtout les bois de pins, leurs clairières, les landes couvertes de bruyère, etc. Elle évite les végétations touffues, ombreuses et humides. L'Alouette Lulu revient sur ses lieux de nidification au mois de mars, jusqu'en avril, mais on peut parfois la rencontrer dès le mois de février sur les prairies et les champs encore couverts de neige. Son nid est au sol, toujours en un endroit ensoleillé, bien dissimulé dans une végétation pas trop haute. C'est un nid fait d'herbes sèches, de fines racines, parfois de mousse et de lichen, et il est bien garni de poils à l'intérieur. La femelle pond de trois à cinq petits œufs blancs mouchetés de petites taches brunes et grises, et elle les couve seule, durant treize à quinze jours. Les parents prennent, tous les deux, grand soin de leurs petits, pendant à peu près le même laps de temps; à cette époque on peut bien reconnaître les petits de cette alouette d'après un dessin bien marqué à l'intérieur de leur bec. Cette alouette se nourrit principalement d'insectes, mais au moment des migrations elle mange aussi des graines. L'Alouette Lulu s'envole vers la Méditerranée, où elle hiverne, dès le mois de septembre, ou en octobre.

1

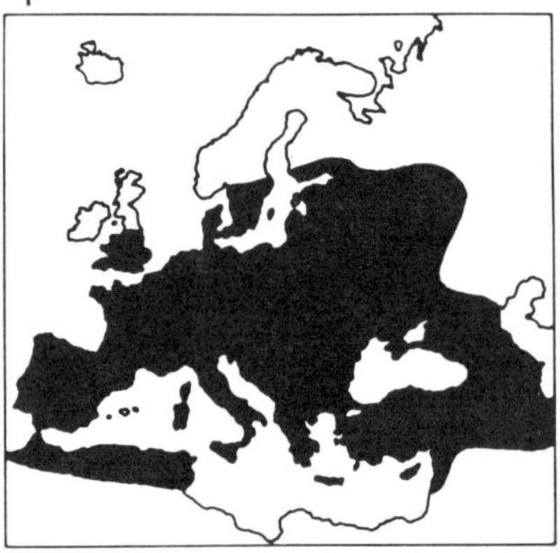

L'Alouette Lulu vit pratiquement dans toute l'Europe, l'Asie Antérieure et la partie occidentale de l'Afrique du Nord (1). Elle ressemble à l'Alouette des champs, mais elle est un peu plus petite, sa queue est plus courte et sa teinte tire davantage vers le roux (2). Les plumes de sa queue sont brun foncé, les plumes de contour ont une grande pointe de couleur crème, ainsi que le bord extérieur; les autres plumes de la queue ont une pointe crème qui va en diminuant. La coloration de la tête est nettement indiquée par la tache sombre des oreilles, et la bande claire du sourcil s'étire jusqu'à la nuque

2

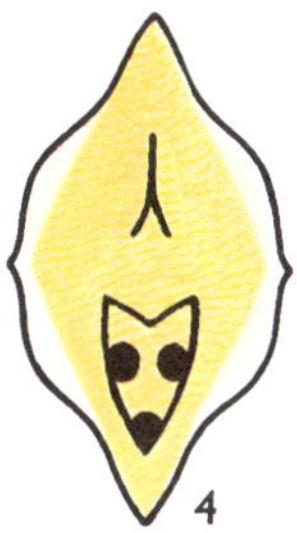

4

où les petites plumes sont duveteuses et forment une houppe dressée. La femelle a le même coloris que le mâle. Les oisillons ont l'intérieur du bec jaune, la pointe de la langue noire et deux grandes taches noires des deux côtés (4). Le chant en vol est caractéristique: en un vol presque vertical, partant le plus souvent de la cime d'un arbre, le mâle survole son territoire, en exécutant des courbes et des spirales avec des coups d'ailes lents, vol libre, typique des alouettes, puis, il redescend sur l'arbre ou au sol, à la verticale ou de biais (3). Durant les beaux jours du mois de mai, le mâle exécute à peu près la moitié de ses chants en plein vol.

3

Alouette des champs
Alauda arvensis

Alouettes
Alaudidae

L'Alouette des champs est répandue dans toute l'Europe, l'Asie et l'Afrique du Nord. C'est un habitant typique des régions sans forêt, vivant autant dans les champs et prairies des plaines, c'est-à-dire dans les terres cultivées, que sur les crêtes de hautes montagnes. En défrichant de nouvelles terres pour les cultiver, l'homme a contribué à l'extension du territoire de l'Alouette des champs vers les steppes orientales. Elle revient très tôt vers ses lieux de nidification, dès la fin du mois de février et de mars. Si un soudain changement du temps fait réapparaître la neige, des volées entières redescendent un peu vers le sud pour rechercher des endroits non enneigés et s'y nourrir. A son retour, le mâle occupe un morceau de territoire où il supporte mal le voisinage d'autres oiseaux et qu'il défend âprement par de nombreux combats contre ses rivaux. La femelle installe, dans un trou gratté dans le sol, un nid peu artistement tissé de brins d'herbe, de fines racines, d'un peu de poils ou de crin. Elle y pond de trois à cinq œufs d'un gris jaunâtre, recouverts de taches brunes serrées, et elle les couve de douze à quatorze jours. Si l'on s'approche d'un nid contenant déjà des œufs, les oiseaux restent tranquilles; ils ne commencent à s'inquiéter de l'approche humaine que lorsque les petits sont éclos. Les deux parents nourissent les jeunes, qui quittent le nid dès l'âge de huit à onze jours, bien qu'étant encore complètement incapables de voler. Presque tous les couples nichent deux fois l'an, d'avril à juillet. La nourriture de l'Alouette des champs est pour moitié animale — de nombreux insectes et leurs larves, araignées, mille-pattes, vers de terre — et pour moitié végétale — graines et parties vertes des plantes. Les Alouettes prennent leur envol vers leurs lieux d'hivernage méditerranéen en septembre et en octobre, et il en reste un petit nombre qui passe l'hiver en Europe centrale.

3

L'Alouette des champs a un plumage gris-brun, tacheté en surface, et plus clair en dessous (1). Les plumes extérieures de la queue sont blanches, ce qui apparaît très bien lorsqu'on en effraie une, qui prend son envol à petite distance (2). Sur la tête, les plumes de la nuque forment un plumet bien dressé, un peu plus marqué que celui de l'Alouette Lulu.

2

On remarquera la longue griffe, presque droite, de son doigt arrière, ce qui augmente la surface portante du pied et facilite la marche sur la terre dure, irrégulière et craquelée, des champs. La femelle ne se distingue du mâle que par sa taille plus petite. Les jeunes encore au nid sont couverts d'un duvet hérissé, l'intérieur de leur bec est jaune, et sur leur langue on voit très bien trois petits points noirs (3). Tout le monde, ou presque, connaît le chant de l'Alouette, qui se fait entendre surtout en plein vol: le mâle s'élève du sol, à peu près verticalement, puis au bout d'un certain temps de vol tremblotant, il descend petit à petit et ensuite retombe, toujours verticalement, brusquement, au sol (4). Son chant, dans les beaux jours de mai, dure environ deux minutes pleines.

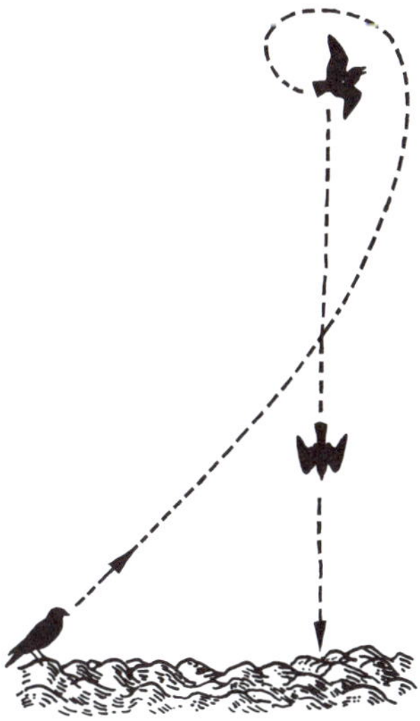

4

1

Cochevis huppé — Alouettes

Galerida cristata — *Alaudidae*

Le Cochevis huppé est un oiseau typiquement sédentaire. L'hiver, il s'installe à proximité des habitations humaines où on peut le voir rechercher des débris de nourriture, également dans les rues. Il n'est pas farouche, et ne s'envole qu'à quelques mètres quand on l'approche. Même à la mauvaise saison, les couples continuent à vivre ensemble, ce qui est un phénomène assez rare chez les petits oiseaux chanteurs. Le printemps venu, et le plus souvent dès le mois de mars, le Cochevis disparaît des villes pour s'installer en ses lieux résidentiels typiques: un champ en jachère, une terre envahie de mauvaises herbes comme une décharge communale, un chantier de construction, un champ de manœuvres, un talus de chemin de fer, des remblais quelconques, etc. Le Cochevis niche en général deux fois par saison, d'avril aux premiers jours de juillet. La femelle construit un nid fait de brins d'herbe, de petites racines et de feuilles, très rarement elle y ajoute des poils; elle est parfois aidée par le mâle dans l'installation de ce nid enfoncé dans le sol. Elle couve seule, durant douze à treize jours, ses trois à cinq œufs assez semblables à ceux de l'Alouette, quoiqu'un peu plus grossièrement tachetés. Les petits Cochevis quittent leur nid dès le neuvième ou dixième jour après leur naissance, donc à un moment où ils sont encore loin d'être capables de voler, et ils se cachent à proximité de leur nid. Dès leur quatorzième jour ils commencent à se vautrer dans la poussière (les alouettes ne se baignent pas), et au bout de vingt jours ils volent. Les parents les nourrissent essentiellement d'insectes et de vers, cependant dans l'alimentation des adultes ce sera l'élément végétal qui prévaudra, semences, graines diverses et éventuellement parties vertes de plantes. Le Cochevis huppé se rencontre dans pratiquement toute l'Europe (au nord jusqu'en Scandinavie du Sud), en Asie centrale et méridionale et en Afrique du Nord. Aujourd'hui il régresse nettement en beaucoup d'endroits de l'Europe. Le Cochevis huppé est originaire des steppes orientales, d'où il s'est répandu en Europe, vraisemblablement en même temps que se développait l'agriculture (il vivait déjà en Europe au XIVe siècle).

3

Le Cochevis huppé ressemble à l'Alouette des champs tant par la taille que par la couleur (1). Il s'en distingue cependant par la huppe pointue qu'il a sur le crâne, et qu'il peut rabaisser ou redresser (2). La femelle ressemble au mâle, les jeunes sont plus fortement tachetés, et ils ont une huppe plus petite. Le mâle lance d'habitude son chant d'un endroit surélevé, tas de pierres, motte de terre ou autre bosse, mais il lui arrive aussi assez souvent de chanter dans les airs. Il s'élève du sol en biais, décrit au-dessus de son nid des ondes de plus en plus larges, assez basses, mais ne décrit que rarement des cercles. Il se pose ensuite en vol plané sur une hauteur (3). Son chant en plein vol dure, en moyenne, moins longtemps que celui de l'alouette et ne dépasse guère la minute. L'une de ses spécialités remarquables est d'imiter le chant d'autres oiseaux.

2

1

Bergeronnette printanière *Motacilla flava*

Bergeronnettes et Pipits *Motacillidae*

La Bergeronnette printanière hante les prés humides, les bords des marais, des étangs et des rivières, mais elle niche aussi parfois dans les champs et les terrains vagues couverts de décombres. Sa queue est assez courte, elle a un vol léger, plus rapide que celui des autres bergeronnettes, décrivant toujours des courbes douces. Elle se pose assez souvent sur des plantes ou buissons plus hauts que les autres, et fait entendre un «psitt» prolongé. Ces oiseaux reviennent d'habitude sur leurs lieux de nidification au mois d'avril; ils restent d'abord en petits groupes qui se séparent peu après en couples. Ces couples occupent alors un territoire peu étendu (en moyenne soixante mètres autour du nid) et ils le défendent contre toute occupation par une autre bergeronnette. La femelle bâtit, en mai ou en juin, un nid toujours dissimulé au sol, parmi la végétation. Elle emploie comme matériaux de construction des tiges et des feuilles d'herbes, et garnit l'intérieur du nid d'une bonne couche de poils et de crin. Elle y pond cinq à six œufs finement tachetés de gris-brun, de telle sorte que l'on ne voit pas toujours la couleur de base, bien qu'ils apparaissent d'une teinte café au lait. La femelle les couve durant treize jours. Les petites bergeronnettes quittent leur nid prématurément à l'âge de onze jours, alors qu'elles ne savent pas encore voler. Certains couples nichent une deuxième fois, en juillet. La Bergeronnette se nourrit surtout d'insectes, de petits coléoptères et de leurs larves, de sauterelles, mais aussi d'araignées, de vers et de petits mollusques. L'automne s'annonçant, la Bergeronnette printanière nous quitte dès le mois d'août, ou septembre. On en voit alors de grandes bandes, jointes à des Bergeronnettes grises, qui passent la nuit dans les roseaux. Les Bergeronnettes européennes hivernent dans les pays méditerranéens, jusqu'en Afrique centrale, les Bergeronnettes asiatiques passent l'hiver en Asie du Sud et en Inde.

2 ♂

3 ♂

4 ♂

Sur l'immense territoire occupé par la Bergeronnette printanière, se sont développées plus de vingt races géographiques, chez lesquelles les mâles ne se différencient que par le dessin et la couleur de la tête. Les femelles des différentes races n'ont pratiquement pas de différences de couleur. La Bergeronnette printanière de l'Europe centrale, *Motacilla flava flava,* a le dessous du corps jaune, le dos vert, le dessus de la tête gris, bien séparé de l'entourage plus sombre des yeux par un sourcil blanc (1). La femelle, en général, est plus claire, avec une gorge blanchâtre, une tête gris-jaune sans sourcil. Les jeunes sont brun-jaune avec des taches sombres sur la gorge, taches groupées en lignes transversales. Cette Bergeronnctte niche dans toute l'Europe centrale et en Asie centrale. La Bergeronnette printanière d'Asie occidentale, *Motacilla flava feldeggi,* a la tête d'un beau noir (2), elle niche dans les Balkans et en Asie occidentale. La Bergeronnette printanière d'Europe du Nord, *Motacilla flava thunbergi,* a le dessus de la tête gris foncé et l'entourage des yeux noir (3), elle habite l'Europe du Nord et s'étend à l'est jusqu'à l'Obi (fleuve d'U.R.S.S.). La Bergeronnette printanière du sud de l'Europe, *Motacilla flava cinereocapilla,* a la tête grise et la gorge blanche (4), elle niche en Europe du Sud et dans les Apennins. La race anglaise, *Motacilla flavissima,* a une tête jaune verdâtre avec des sourcils jaunes (5), elle vit en Grande-Bretagne.

5 ♂

1 ♂

Bergeronnette des ruisseaux
Motacilla cinerea

La Bergeronnette des ruisseaux est très dépendante de l'eau, surtout d'une eau aux mouvements violents. Elle se nourrit principalement d'insectes aquatiques et de leurs larves ainsi que de nombreux petits animaux aquatiques. Elle revient normalement en ses lieux de nidification au mois d'avril, mais parfois elle est déjà là en mars. En avril on peut déjà découvrir son nid, souvent dans un petit creux à proximité d'un ruisseau, entre des pierres ou des racines du rivage, dans un trou d'une construction quelconque: petit pont, chenal de moulin, etc. Cette Bergeronnette construit son nid avec des brins d'herbe, de petites racines, de la mousse et des débris de feuilles et garnit l'intérieur d'un fin tissage de fibres végétales, de poils, de crin. La femelle pond de quatre à six œufs que les parents couvent durant douze à quatorze jours; ils se partagent également le soin de nourrir les petits au nid, pendant douze à treize jours encore. La plupart des couples élèvent une deuxième nichée de juin à juillet. La migration d'automne se fait de septembre à octobre. Certains oiseaux de l'Europe méridionale sont sédentaires, et l'on peut rencontrer également des individus hivernant en Europe centrale, le plus souvent auprès de cours d'eau pas encore pris par la glace. Les lieux d'hivernage des populations migratrices se trouvent en Méditerranée et en Afrique du Nord.

2 ♀

On confond aisément la Bergeronnette des ruisseaux avec la Bergeronnette printanière. Le mâle est jaune lui aussi, mais il a la gorge noire et le dos gris, une longue queue, nettement plus longue que celle de la Bergeronnette printanière, avec des plumes bordées de blanc (1). Dans l'ensemble, c'est un oiseau d'allure élégante. La femelle (2) et les jeunes n'ont pas de taches noires sur la gorge. Lorsqu'elle est posée, cette bergeronnette agite sa queue de haut en bas. Elle a un vol rapide, brusque, et pousse un «psitt,

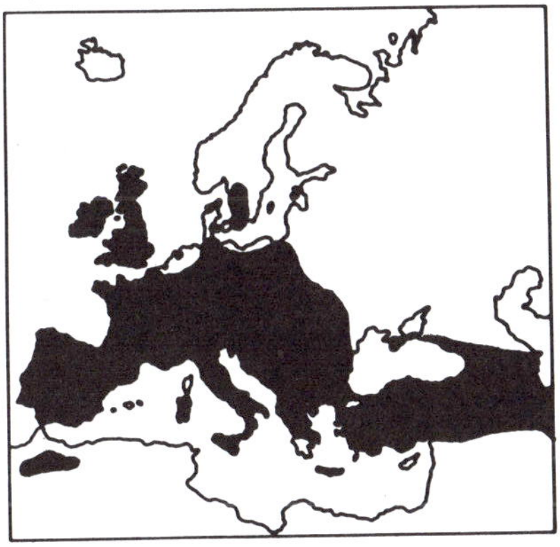

4

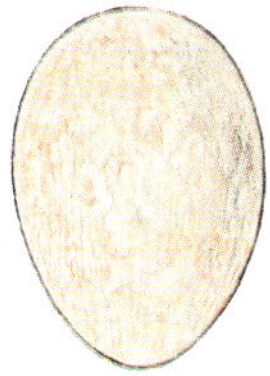

3

psitt» aigu. Mais il est assez rare d'entendre son chant, tout comme celui des autres bergeronnettes.

Les œufs sont gris-blanc tirant sur le vert, très finement mouchetés de rouge-brun (3).

La Bergeronnette des ruisseaux habite presque toute l'Europe, l'Asie et l'Afrique; ce n'est qu'au début de ce siècle qu'elle s'est répandue jusqu'en Scandinavie du Sud et au Danemark (4).

1 ♂

Bergeronnette grise
Motacilla alba

On rencontre presque partout la Bergeronnette grise, le plus souvent près de l'eau, mais il lui arrive de s'en installer assez loin, dans les champs, les pâturages, les carrières, les fermes isolées, même les grandes agglomérations tout aussi bien que les régions montagneuses. Elle vit dans toute l'Europe, l'Asie et l'Afrique du Nord. De ses lieux d'hivernage qui s'étendent des régions méditerranéennes jusqu'à l'Afrique équatoriale, la Bergeronnette grise revient dès le mois de mars sur ses aires de nidification. Elle occupe immédiatement son territoire, et le défend avec âpreté, car c'est un oiseau qui ne supporte pas les autres. Le Bergeronnette grise niche deux ou trois fois par an, d'avril à août. Les deux partenaires participent à la construction du nid conique fait de tiges, de racines, de feuilles et de bribes de mousse, et dont l'intérieur est garni de poils, de crins divers et parfois aussi de plumes. L'emplacement du nid est très divers, le plus souvent il est situé dans des renfoncements, trous de murs, crevasses de rochers, creux d'arbres, voire dans un tas de bois coupé, sur une poutre de bâtiment, et même au sol. Les œufs sont blanchâtres, tirant sur le bleu ou le gris, tachetés de gris foncé ou de marron. C'est la femelle qui couve seule, durant douze à quatorze jours. Les deux partenaires nourrissent leurs petits au nid pendant quatorze jours après l'éclosion. Les oisillons ont l'intérieur du bec orange, avec une bordure jaune. Au mois d'août, les Bergeronnettes grises se rassemblent en grandes bandes et s'envolent pour aller passer la nuit dans les oseraies, ensemble avec les Hirondelles de cheminée, les Hirondelles de rivage, les Étourneaux et la Bergeronnette printanière. Le départ pour la migration d'automne s'étale de septembre à novembre. Certains individus restent en Europe centrale durant tout l'hiver, au bord des eaux qui ne sont pas prises par la glace.

3 ♂

La Bergeronnette grise est un oiseau bien connu, remarquable par ses contrastes de noir et blanc. L'occiput, la nuque, le menton, la gorge et le jabot ainsi que la queue sont noirs, le dos est gris, tout le reste est blanc ou gris (1). Chez la femelle, une partie de ce qui est noir chez le mâle est d'un gris foncé. Les oisillons sont surtout brun-gris, avec des taches plus sombres sur la gorge. Après la mue d'été, mâle (2) et femelle perdent la teinte noire du menton et de la gorge, seule la poitrine reste noire. Plusieurs races sont apparues sur l'immense territoire de l'Europe et de l'Asie, qui se différencient par l'importance du gris et du noir dans leur coloration. La Bergeronnette de Yarrel *(Motacilla alba yarrellii)* a le dos noir (3); elle habite la Grande-Bretagne et l'Europe occidentale. Ces Bergeronnettes volent en longues lignes ondoyantes: en quelques coups d'ailes l'oiseau s'élève bien haut puis, ailes au corps, il se laisse glisser vers le bas. Tout en volant, il lance son cri de deux syllabes «tsilip, tsilip». Lorsqu'il marche ou qu'il est posé au sol, il agite sa longue queue de haut en bas d'une manière remarquable.

2 ♂

1 ♂

Pipit farlouse
Anthus pratensis

Bergeronnettes et Pipits
Motacillidae

Les plaines couvertes de prairies, les landes, les monts où pousse la bruyère et les prés humides des terres basses, sont les endroits de prédilection pour l'habitat de ce petit oiseau élancé et élégant, le Pipit farlouse, qui ressemble quelque peu à une alouette mouchetée. Si on l'effarouche, il s'envole en poussant un cri d'alarme perçant «ist, ist» (très impressionnant quand il est poussé par toute une volée d'oiseaux migrateurs). Il décrit alors de petites courbes autour de l'endroit d'où il s'est envolé. On le rencontre dans presque toute la moitié nord de l'Europe et en Sibérie occidentale; dans la moitié sud de l'Europe, il ne vit qu'en quelques petits îlots. C'est un oiseau migrateur qui hiverne surtout en Méditerranée, mais il arrive que des oiseaux du Grand Nord hivernent en Europe occidentale et centrale, où ils restent autour des eaux non prises par les glaces. De mars à mai, ils reviennent en petites bandes vers leurs lieux de nidification, et repartent pour l'hivernage de septembre à novembre. Le nid, tissé d'herbes sèches ou de mousse, et légèrement tapissé de poils à l'intérieur, est bien caché sur le sol, dans l'herbe. D'avril à mai, la femelle y pond quatre à six œufs grisâtres tachetés de brun, et elle les couve environ treize jours. Certains couples nichent une deuxième fois en juin ou au début du mois de juillet. Les deux parents soignent ensemble leurs petits, qui restent au nid durant douze à quatorze jours, puis l'abandonnent. A ce moment-là, ils ne savent pas encore voler et se cachent dans les environs. Le territoire natal est relativement petit, il ne s'étend qu'à une centaine de mètres autour du nid. Tout comme les autres espèces de pipits, le Pipit farlouse se nourrit principalement de petits coléoptères, scarabées, insectes hyménoptères, araignées, etc., à l'occasion il mange aussi des graines.

4

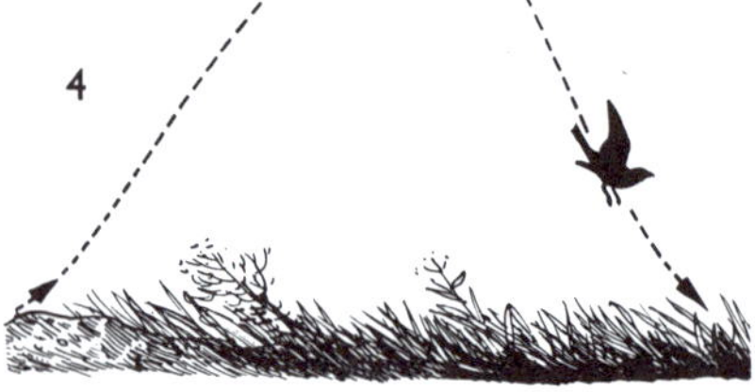

Il est assez difficile de distinguer, d'après la coloration du plumage, un Pipit farlouse d'un Pipit des arbres. Toutefois le farlouse a le dos plus sombre, gris-vert, sa poitrine n'est que légèrement rousse, mais elle est tachetée plus finement et de façon plus serrée (1). Soit le croupion est couvert de taches plus claires, soit il n'en a pas (2). Les rémiges primaires sont à peu près de la même longueur, de la deuxième à la cinquième (3). La femelle a la même coloration que le mâle. Outre le chant, la manière d'être et la coloration, un important signe de reconnaissance est un long ongle postérieur. La griffe n'est que légèrement infléchie, et d'habitude elle est égale ou un peu plus longue que le doigt postérieur, soit le plus souvent dépassant 10 mm (cf. ill. 3 p. 30).

2

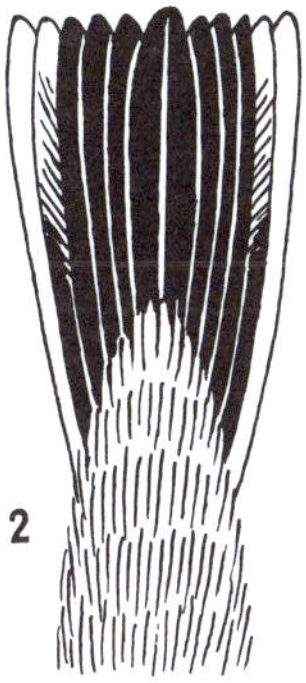

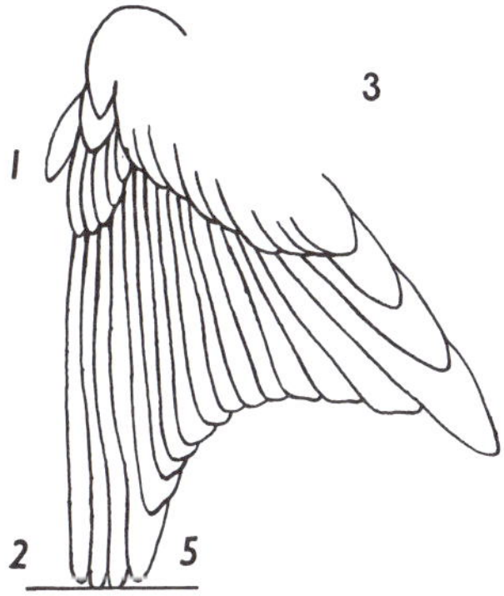

3

Le mâle attire l'attention par son chant fin, mais sonore, davantage encore par ses attitudes: il s'élève dans les airs en chantant, son chant terminé il descend presque à la verticale, puis en vol plané, sur une tige d'herbe haute ou un buisson (4).

1

Pipit des arbres
Anthus trivialis

On entend les trilles du Pipit des arbres, l'un des meilleurs oiseaux chanteurs, le plus souvent dans les prés, au bord des forêts de feuillus ou de résineux, en montagne comme en plaine, sur les versants embroussaillés, mais aussi dans les prairies humides où croissent quelques arbres isolés. Le milieu de son chant ressemble à celui du canari, c'est pourquoi on l'a surnommé le Canari des bois. Cet oiseau se tient volontiers au sol, où il marche en faisant tressaillir sa queue et la partie arrière de son corps. Mais, s'il est effarouché, il cherche toujours refuge sur un arbre d'où il lance son cri d'alarme «sip, sip», répété d'une voix sonore. Il se déplace toujours en marchant le long des branches d'arbre. L'aire géographique de la présence du Pipit des arbres est pratiquement limitée à l'Europe, avec une profonde avancée vers la Sibérie et l'Asie centrale. De ses lieux d'hivernage dans les régions méditerranéennes et dans toute l'Afrique, le Pipit des arbres nous revient au début du mois d'avril. Il reste d'abord dans les champs et les prairies, et il commence à chanter sur ses lieux de nidification, toujours dans la deuxième moitié d'avril ou de mai. Au début des amours, la femelle installe au sol un nid dissimulé au pied d'une touffe d'herbe. Ce nid est tissé de brins d'herbe, de morceaux de feuilles et de mousse, parfois elle en garnit le creux de poils. Elle y pond cinq à six œufs de teintes très variables, allant du gris-vert au brun-roux, avec des taches sombres, petites et grandes. Elle les couve, seule, durant douze à treize jours. Ensuite, les deux parents nourrissent ensemble les petits, encore au nid, à peu près durant la même période. Certains couples élèvent une deuxième nichée, d'habitude en juin ou en juillet. Les familles de Pipits des arbres nous quittent pour leur migration d'hiver dès le mois de septembre, ou d'octobre. Le coucou pond souvent dans un nid de Pipits des arbres.

3

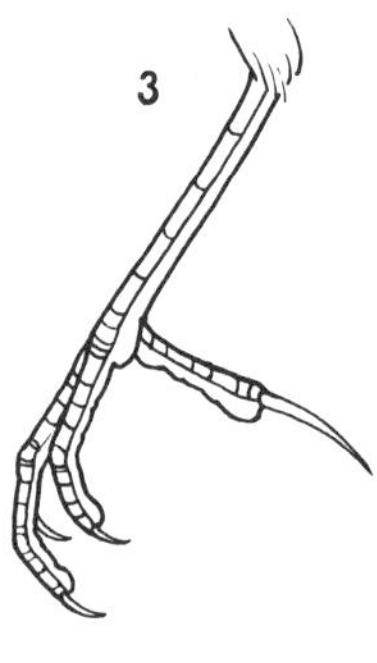

2

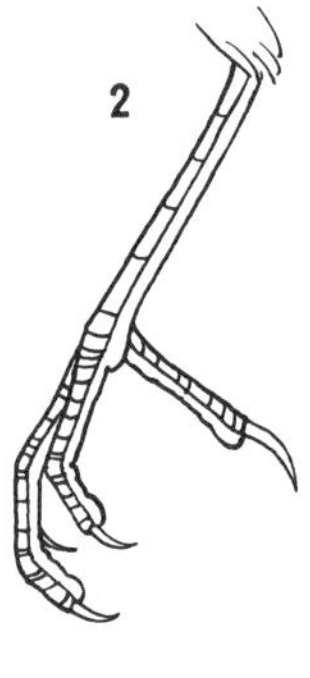

Le Pipit des arbres a le dos brun olive aux rayures sombres longitudinales, sa poitrine est rousse aux taches brun sombre bien marquées (1). Mâle et femelle ont la même coloration et les petits leur ressemblent. Pour la détermination à la main il est important de savoir que la griffe du doigt postérieur est plus courte (de 3 mm environ) que le doigt et qu'elle est fortement recourbée (2). Ce signe distinctif est bien mis en évidence par l'illustration qui compare la patte du Pipit des arbres à celle du Pipit farlouse (3).

4

Le mâle chante le plus souvent en plein vol. Du sommet d'un arbre, il monte de biais dans les airs, se met à chanter puis descend en exécutant une courbe, ailes étendues et queue vers le bas, pour retomber sur le même arbre ou sur tout autre sommet, et termine sa chanson par un final typique «tsia-tsia-tsia» (4).

1

Pipit rousseline
Anthus campestris

Le Pipit rousseline est un oiseau originaire des steppes, mais nous pouvons également le rencontrer sur les versants secs, rocheux, les landes désertiques, les prairies sèches ensoleillées et sur les champs de grande étendue. Il aime la chaleur, et évite les endroits humides. La femelle construit dans un creux du sol un nid fait d'herbes sèches, de racines, parfois de brins de mousse, avec un peu de poils dans le creux. Elle le dissimule sous des herbes, des brins de bruyère. Les œufs sont assez changeants, quant à la coloration. A la différence d'autres œufs de pipits, ceux du Pipit rousseline ne sont que très peu tachetés, si bien que l'on voit mieux apparaître la couleur de base: grisâtre, brunâtre ou verdâtre. La couvée compte quatre à cinq œufs, que la femelle couve durant treize à quatorze jours. Le mâle ne participe pas à la couvaison, mais il aide la femelle à nourrir les petits. Au bout de quatorze jours de nourriture au nid, les petits sont déjà si bien emplumés qu'ils peuvent le quitter. Non loin du nid les parents s'en occupent encore un certain temps, et leur enseignent l'indépendance. Il semble qu'une certaine partie des couples niche une deuxième fois, et la saison de nidification s'étale ainsi de mai à juillet. Le territoire d'une famille est étendu sur une moyenne de deux cents à trois cents mètres autour du nid. Le Pipit rousseline quitte son territoire de nidification dès la fin du mois d'août, et dans le courant du mois de septembre.

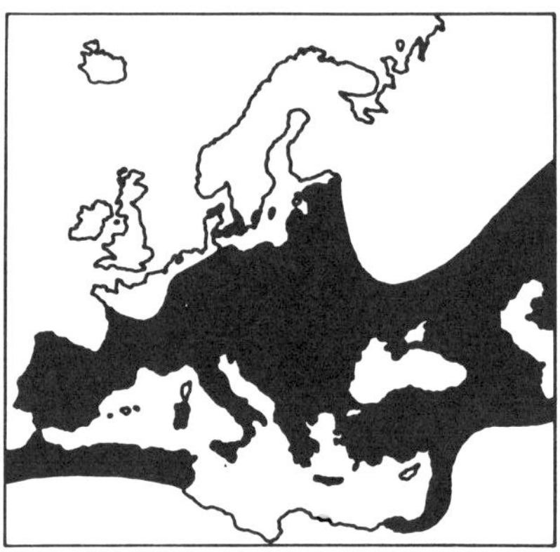

3

Le Pipit rousseline se distingue de tous les autres pipits avant tout par la couleur de son dos, de teinte unie, brun clair sable; le dessous du corps n'est pour ainsi dire pas tacheté (1). Le mâle et la femelle ont la même couleur. Dans l'ensemble, ce sont des oiseaux de teinte claire. De tous les pipits présentés ici, le Pipit rousseline est le plus grand, le plus élancé, avec sa queue relativement longue et ses pattes hautes, de couleur claire. Ce Pipit se déplace presque exclusivement au sol, et

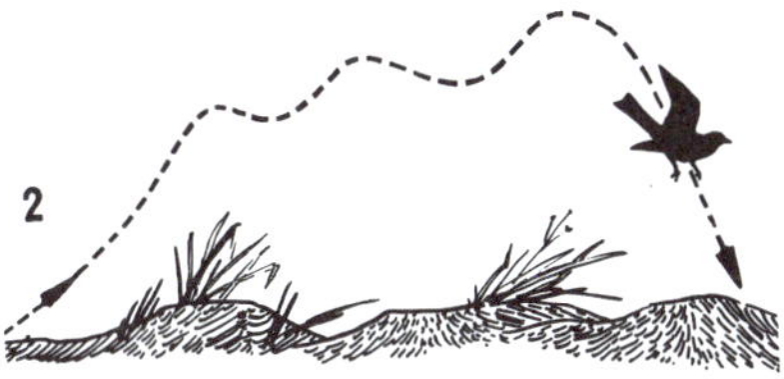
2

il vole en vagues profondes (2). On peut aussi le reconnaître aisément à sa voix; son chant d'appel se perçoit ainsi «sirlui, sirlui», et c'est sur le même air qu'il chante quand il vole assez loin de son nid.

Le Pipit rousseline habite l'Europe centrale et méridionale, l'Afrique du Nord et la zone tempérée de l'Asie (3). Il passe l'hiver en Afrique centrale et septentrionale et dans le sud de l'Asie d'où il revient en ses lieux de nidification aus mois d'avril et de mai.

1

Le Pipit à gorge rousse est un oiseau du Grand Nord européen et d'Asie, qui hante surtout la toundra. Il donne la préférence aux espaces herbeux, humides, embroussaillés de bouleaux et de saules rabougris, mais ne fuit pas les prairies où poussent quelques touffes de broussailles à proximité des groupes d'habitation lapones. En général, il s'installe volontiers dans des buissons, des clôtures, sur des fils électriques, etc. Étant donné le climat nordique, la nidification est reportée jusqu'en juin et juillet, si bien qu'en Europe centrale on ne voit ses bandes migratrices qu'à la fin du printemps, normalement en mai. Il ne niche qu'une fois par an. La femelle dissimule son nid sous des herbes ou un petit buisson rabougri, elle le construit avec des brins d'herbes et de la mousse, et en garnit le creux d'herbes plus fines, et parfois aussi de poils. Elle y pond quatre à six œufs semblables à ceux du Pipit farlouse, seulement un peu plus grossièrement persillés de taches en général plus foncées. La femelle couve durant à peu près treize jours, et au bout de la même période les jeunes sautillent hors du nid. A ce moment-là, le mâle aide la femelle à nourrir les petits. Au mois de septembre et d'octobre, le Pipit à gorge rousse quitte ses lieux de nidification septentrionaux pour s'envoler vers les hivernages, jusqu'en Afrique orientale et en Asie du Sud. On peut alors en voir, seuls ou par bandes, jusqu'en Europe centrale et en Europe méridionale, le plus souvent sur les rives d'étangs et de rivières, ou dans les prés.

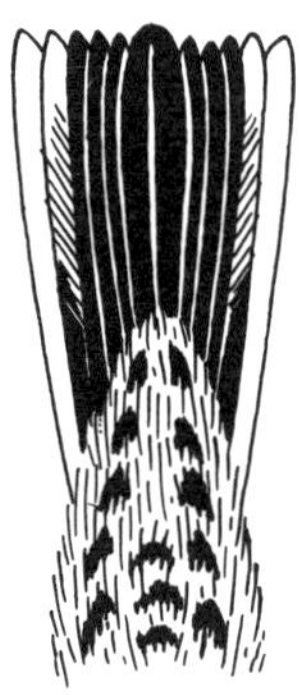

Par son aspect, le Pipit à gorge rousse ressemble fort au Pipit farlouse, surtout à l'automne. Il ne s'en différencie alors que par un dos plus fortement tacheté et surtout par un croupion plus noir (1). Les rémiges se raccourcissent nettement vers l'intérieur, de la deuxième à la cinquième (2). C'est le seul Pipit qui ait deux plumages sexuels, c'est-à-dire que le mâle se différencie nettement de la femelle, dans son plumage nuptial (3), par une gorge rouge tirant sur le cannelle.

Quand les Pipits volent par bandes, on distingue la gorge rousse du farlouse par le cri d'appel, qui diffère. Le Pipit à gorge rousse lance un «tdiê-ê» sur deux syllabes, ou un «tsié» plus aigu, cri qui ressemble assez à celui du Bruant des roseaux. Pour élire ses lieux de nidification, ce Pipit recherche plus les paysages broussailleux que ne le fait le Pipit farlouse.

3 ♂

Pie-grièche à poitrine rose
Lanius minor

La Pie-grièche à poitrine rose habite les terrains ouverts parsemés de grands arbres ou de groupes d'arbres, les arbres bordant les allées, les granges et hangars en plein champ, parfois les jardins ou l'orée des forêts. Elle donne décidément la préférence aux arbres à feuilles caduques, même si de temps à autre elle niche dans un conifère. Pour établir son nid, elle choisit pour ainsi dire toujours un arbre très haut, assez souvent un peuplier. Ce nid est fréquemment juché à plus de dix mètres de hauteur, souvent accolé au tronc ou à l'enfourchure d'une forte branche. C'est un nid assez grand, fait de branchettes, de racines, de grosses herbes, et il est douillettement garni en son creux de plumes, de laine végétale et de poils. Un signe caractéristique permettant de reconnaître à coup sûr un nid de Pie-grièche à poitrine rose, c'est que des feuilles fraîches sont entrelacées dans la couche moyenne du nid, en assez grande quantité, si bien qu'en se desséchant elles laissent ensuite filtrer la lumière à travers la paroi. En mai ou en juin la femelle y pond quatre à six œufs verdâtres persillés de petits points sombres, et elle les couve durant quinze jours environ. Les jeunes sont nourris au nid par les parents pendant à peu près deux semaines, puis encore un certain temps aux abords du nid. L'alimentation, exclusivement animale, est pareille à celle de la Pie-grièche écorcheur. Mais, contrairement à ce que font les autres pies-grièches, celle-ci n'empale que rarement sa proie sur une épine.

4

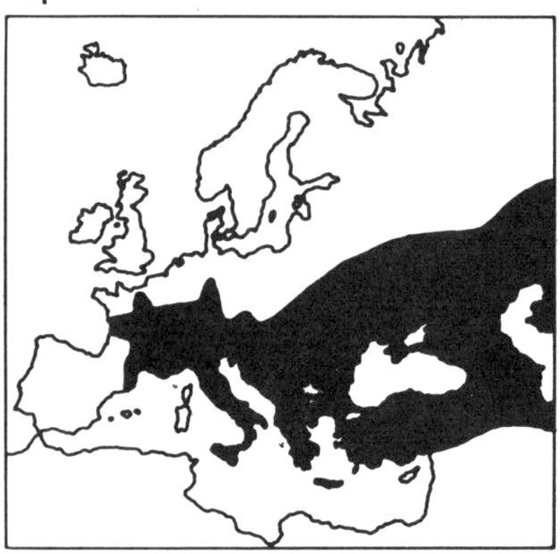

On confond aisément la Pie-grièche à poitrine rose avec la Pie-grièche grise. Elle s'en distingue pourtant par quelques caractères: elle est visiblement plus petite, elle a un large bandeau noir sur le front et au-dessus des yeux, son ventre est plus clair, avec des nuances roses (1). En vol, on voit sur les ailes des taches blanches (2). On constatera que la première rémige est à peu près de la même longueur que les plumes de couverture, et ne dépasse pas la barre alaire blanche. Les plus longues plumes sont la deuxième, la troisième et la quatrième rémige (3). La femelle ressemble fort au mâle, sauf peut-être qu'elle a le dessous du corps moins rose. Chez les jeunes, le noir est remplacé par du brun noirâtre, avec des ondes apparentes de gris-brun sur le dos et sur les flancs. Les jeunes n'ont pas le front noir.

Les Pies-grièches ont un bec puissant, la mandibule supérieure est crochue, avec une petite dent aiguë, qui leur permet de déchiqueter la carapace des coléoptères et autres insectes à élytres, ou de maintenir les proies molles et lisses — ce caractère est commun à toutes les pies-grièches.

L'aire de distribution de la Pie-grièche à poitrine rose commence en France et s'étend de l'Europe centrale et méridionale à travers l'Asie jusqu'au fleuve Iéniseï (4). Pour passer l'hiver, elle s'envole très loin, jusqu'en Afrique, surtout au sud de l'équateur. Elle revient en mai sur ses territoires de nidification pour les quitter à la fin du mois d'août.

Pie-grièche écorcheur
Lanius collurio

La Pie-grièche écorcheur est un oiseau typiquement migrateur, qui ne passe que quatre à cinq mois sur ses aires de nidification. Il ne revient dans nos contrées qu'au mois de mai, et prend le départ dès le mois d'août ou en septembre. Son habitat s'étend sur une grande partie de l'Europe, depuis le nord de la péninsule ibérique jusqu'au centre de la Scandinavie et sur une bonne part de l'Asie. Ses lieux d'hivernage sont très étendus: les oiseaux européens migrent vers l'Afrique tropicale et l'Afrique du Sud, tandis que les oiseaux asiatiques migrent en outre vers l'Inde et l'Extrême-Orient. La Pie-grièche écorcheur hante les régions ouvertes et sèches à végétation buissonnante, elle niche à l'orée des bois et forêts, dans les parcs, les jardins, les boqueteaux, mais aussi loin dans les champs, si elle y trouve ne fût-ce qu'un unique petit buisson. Son nid est habituellement peu au-dessus du sol, au maximum de un à trois mètres, et souvent dans des buissons épineux. Ce nid est une construction plutôt massive faite de racines, d'herbes sèches, parfois de brins de mousse, et le creux est garni de racines, d'herbes plus fines, rarement de plumes et de poils. Les deux partenaires participent à son édification, mais ce n'est que la femelle qui couve ses quatre à six œufs de teinte gris-vert ou brunâtre, sur lesquelles des taches brunes forment une couronne du côté du gros bout. La couvaison dure de quatorze à seize jours, puis les parents nourrissent les petits, durant la même période, tant qu'ils sont au nid. Ils s'en occupent encore trois semaines, alors qu'ils sont déjà capables de voler. La Pie-grièche écorcheur n'élève qu'une seule couvée par an. Les jeunes éclosent sans être couverts de duvet, ils ont la peau couleur presque orange, quand ils ouvrent leur bec, on en voit l'intérieur jaune foncé, avec un bord plus clair. Le coucou pond assez fréquemment dans un nid de Pie-grièche écorcheur. Son alimentation se compose surtout d'insectes, et plus rarement de petits vertébrés, tels des musaraignes, des rats des champs et aussi de petits oiseaux chanteurs.

2 ♂

La Pie-grièche écorcheur est un très bel oiseau, avec la tête et le cou gris clair, le dessous du corps blanc rosé, le dos d'un rouge brunâtre et un bandeau noir sur le front et au-dessus des yeux (1, 2). La femelle est d'un brun roux au-dessus, d'un blanc sale en dessous, avec des ondes plus sombres sur la poitrine et les flancs (3).

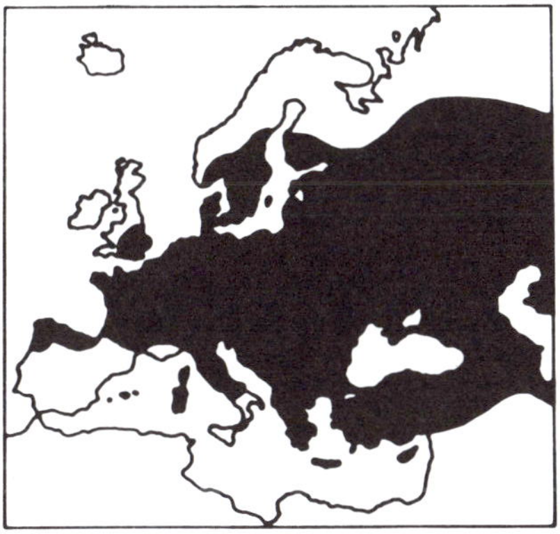

4

Les jeunes oiseaux ressemblent aux femelles, mais ils ont aussi des ondes sur le dos. La pie-grièche a une queue assez longue qu'elle agite souvent, et de plus en plus vite quand un danger se fait plus pressant. Cet oiseau a l'habitude caractéristique d'empaler ses proies sur une épine. Le territoire autour du nid n'est pas très étendu et ne dépasse pas une centaine de mètres de circonférence. Le mâle ne défend que rarement son territoire par son chant. Mais son registre vocal n'en est pas moins très étendu, et il imite à merveille la voix de nombreux autres oiseaux.

Pie-grièche à tête rousse Pies-grièches
Lanius senator *Laniidae*

La Pie-grièche à tête rousse est un oiseau qui aime la chaleur. Elle choisit, pour installer son nid, un endroit exposé au soleil le plus longtemps possible. Elle aime les versants ensoleillés, dirigés plein sud, avec une végétation peu dense de buissons ou d'arbres, on la trouve également dans les allées d'arbres, au bord des chemins ainsi que dans les vergers. Elle évite systématiquement les endroits ombragés et humides. Elle revient vers ses lieux favoris à la fin du mois d'avril et en mai. Très tôt après son retour, la Pie-grièche à tête rousse entreprend la construction de son nid qu'elle installe quelque part dans un buisson ou sur un arbre, de préférence un arbre fruitier. C'est un nid fait de tiges sèches et de racines. Comme celui de la Pie-grièche à poitrine rose, celui-ci est garni, surtout sur les bords, de plantes vertes. Dans le creux, il y a une bonne couche de poils, de plumes et de fibres végétales, et non d'herbes sèches et de racines comme dans le nid de la Pie-grièche écorcheur. La femelle de la Pie-grièche à tête rousse pond dans ce nid de quatre à six œufs pareils, en grandeur et en couleur, à ceux de la Pie-grièche écorcheur, et elle les couve seule, durant quatorze à quinze jours. Durant tout le temps de la couvaison, le mâle lui apporte la nourriture au nid. Les jeunes en sortent au bout de dix-neuf à vingt jours après l'éclosion, les parents continuent à les nourrir et à leur apprendre à chasser durant deux ou trois semaines. Tous les couples n'élèvent qu'une seule couvaison par an. Dès la fin du mois d'août, ou au commencement du mois de septembre, les Pies-grièches à tête rousse s'envolent vers leurs lieux d'hivernage, en Afrique tropicale et dans les régions du sud de l'Arabie.

3

La Pie-grièche à tête rousse est un peu plus grande que la Pie-grièche écorcheur, et elle est la plus vivement colorée parmi toutes les pies-grièches (1). La teinte brun-rouge de la calotte et du cou contraste fort avec son masque noir, bandeau qui s'étire sur le front et les yeux; les ailes noires sont barrées largement de blanc net, et la queue noire est bordée de blanc. Le dessous et les flancs sont d'un blanc crème. La femelle ressemble fort au mâle, mais elle est un peu plus pâle. Les

2

1 ♂

jeunes ont le dos d'un roux grisâtre, le ventre plus clair, avec des ondes transversales brun foncé, dessus et dessous. Cependant, tous ont bien visibles une grande tache claire sur les épaules, et une plus petite à la naissance des rémiges, future barre blanche alaire. C'est surtout quand elle vole que l'on peut admirer les vives couleurs de la Pie-grièche à tête rousse (2).

Cette Pie-grièche habite l'Europe méridionale, occidentale et centrale, les îles de la mer Méditerranée, les régions du nord-ouest de l'Afrique et l'Asie occidentale (3).

Pie-grièche grise
Lanius excubitor

La Pie-grièche grise est un véritable globe-trotter. Outre l'Australie, elle habite toutes les autres parties du monde: presque toute l'Europe à l'exception des îles Britanniques, des Apennins et des Balkans, l'Asie, l'Afrique du Nord et la partie septentrionale de l'Amérique du Nord. Sur un espace aussi étendu, il est normal que de nombreuses races géographiques soient apparues. A l'opposé des autres pies-grièches, c'est un oiseau sédentaire qui reste dans son pays, même en hiver. Seuls les oiseaux habitant les régions à fortes gelées, dans le Grand Nord, s'envolent un peu plus au sud durant l'hiver. A cette époque, on peut normalement la rencontrer dans les champs et les prés, où elle reste longtemps posée au sommet d'un arbre d'où elle scrute les alentours pour découvrir sa principale proie, un rongeur de petite taille. En période d'abondance de nourriture, on peut trouver la réserve de provisions de la Pie-grièche grise, constituée de mulots piqués sur des épines, parfois tout dépecés, mais aussi des insectes, des lézards ou quelque petit oiseau chanteur. Les proies ne sont pas toujours nécessairement empalées, elles sont parfois assujetties dans une enfourchure de branches. La Pie-grièche grise hante les versants ouverts avec des groupes d'arbres, les terrains buissonneux et l'orée des bois, de préférence dans des coins humides situés à une certaine hauteur. Du mois d'avril au mois de juin, on peut découvrir son grand nid fait de branches sèches, de racines et de fétus, garni en son creux de laine végétale, de poils ou de plumes. La femelle couve durant quinze à seize jours ses cinq à sept œufs verdâtres, mouchetés de brun. L'élevage des jeunes au nid dure environ vingt jours, mais les parents les nourrissent encore, après qu'ils aient pris leur envol hors du nid, durant à peu près deux semaines. Le territoire autour du nid de la Pie-grièche grise est très étendu, et occupe un cercle d'environ un kilomètre de diamètre.

La Pie-grièche grise est la plus grande de toutes les pies-grièches. Le mâle et la femelle ont la même coloration (1): dos gris, ventre blanc, ailes noires, queue noire bordée de blanc et bandeau noir sur les yeux. Le miroir blanc de l'aile semble fait de deux barres (sur les rémiges primaires et sur les plumes de couverture), mais il existe des individus avec un miroir d'une seule pièce (rien que sur les rémiges primaires), ce qui rappelle

la Pie-grièche à poitrine rose. Toutefois, le meilleur signe de distinction est le masque noir qui ne s'étale que jusqu'au bec, et non pas jusqu'au front. La première rémige primaire est à peu près la moitié de la seconde, elle dépasse la bande blanche de l'aile, les troisième et quatrième rémiges sont les plus longues (la deuxième est plus courte que la cinquième) (2). Les oiseaux jeunes ont le croupion gris-brunâtre, avec la poitrine et les flancs ondés de biais (3). Cette pie-grièche a un vol doucement onduleux, mais elle est capable d'exécuter la spécialité de la crécerelle: faire du sur-place en faisant vibrer le bout des ailes, pour fixer une proie et tomber dessus.

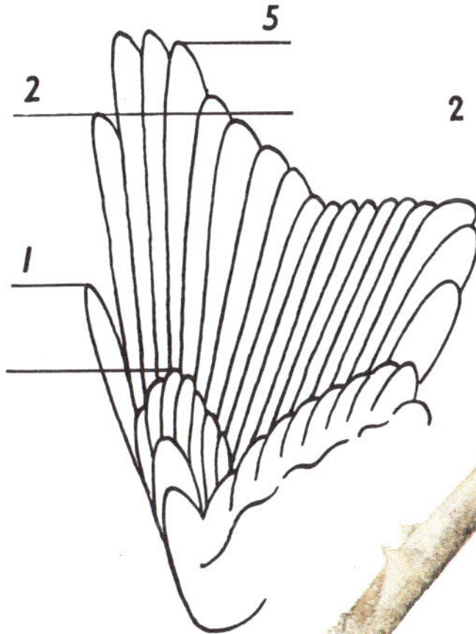

2

3

1

Jaseur boréal Jaseurs
Bombycilla garrulus *Bombycillidae*

Le Jaseur boréal habite les forêts de conifères et les bois mixtes de type nordique, tels la taïga et la toundra forestière. Il ne niche qu'une fois l'an, ordinairement en juin. Il se bâtit un nid de fines brindilles, de mousse, de lichen et d'herbages et le garnit de plumes et de poils. Dans ce nid, toujours perché sur un arbre, la femelle pond de quatre à six œufs bleuâtres, clairsemés de taches brunes ou noires, et elle les couve seule durant deux semaines environ. Le mâle lui apporte la nourriture au nid, puis les parents s'occupent ensemble de l'élevage des petits, qui quittent le nid à l'âge de quatorze à seize jours. A cette époque, les parents se nourrissent, ainsi que leur progéniture, d'une alimentation carnée, surtout de moustiques qui abondent dans la taïga et la toundra. Mais plus tard ils passent à une alimentation végétale, recherchent les baies de divers arbres et arbustes. Ils en consomment de grandes quantités. La digestion se fait très rapidement chez ces oiseaux, la nourriture ne fait que passer à travers le tube digestif, et souvent elle en ressort à moitié digérée seulement. C'est ainsi que le Jaseur boréal contribue grandement à l'extension de nombreux arbres et arbustes. Dans les régions méridionales, on ne rencontre qu'en hiver le Jaseur boréal, en général de novembre à mars, quand il erre à la recherche de nourriture. Ils sont très peu craintifs, et ne prêtent aucune attention aux gens. En certaines années, leur retour devient une véritable invasion, due sans doute à une reproduction, au nord, dépassant les limites du supportable, mais alors s'établit entre eux une concurrence peu souhaitable. Après une telle invasion, une faible partie retourne dans les régions nordiques.

2

Le Jaseur boréal est l'un des plus beaux oiseaux qui soient. Son riche et délicat plumage où domine le gris-brun avec un reflet tirant sur le rouge, est complété d'ornements caractéristiques: raie sur l'œil et gorge noire; ailes noires avec le bout jaune clair, queue noire avec du jaune au bout; deux grandes taches blanches sur les ailes; une pointe de cire rouge aux rémiges secondaires. Chez les vieux adultes, les rectrices sont ainsi

1

3

bordées. Il y a également un peu de rouge sous la queue. Une huppe rousse parachève l'élégance de l'oiseau (1). La femelle est semblable au mâle, les jeunes n'ont pas le menton et la gorge noires, mais blanchâtres. L'aire de répartition du Jaseur boréal s'étend sur les régions les plus septentrionales de l'Europe, de l'Asie et de l'Amérique du Nord (2).

Le *Bombycilla cedrorum* est une espèce de plus petite taille, qui vit sur le continent nord-américain. Il est dépourvu de blanc aux ailes et de rouge sous la queue (3). Pour nicher, il descend assez loin dans le sud, jusqu'au nord de la Californie, au Colorado.

Hirondelle de cheminée
Hirundo rustica

Hirondelles
Hirundinidae

L'Hirondelle de cheminée est l'un des oiseaux les plus aptes au vol. Elle se tient pour ainsi dire en permanence dans les airs, où elle parcourt des dizaines de kilomètres en une journée. C'est dans les airs qu'elle récolte toute sa nourriture — des insectes volants. Pour les capter au vol, elle est armée d'un large bec fendu jusqu'aux yeux. Elle ne sait pas se nourrir autrement, ce qui peut lui être fatal par temps froid, surtout en cours de migration. Il y a alors de nombreuses quantités d'hirondelles qui périssent de faim. L'Hirondelle et sa progéniture souffrent aussi de famine par les étés froids et pluvieux, quand il y a insuffisance d'insectes. Elle se rabat alors au-dessus de l'eau, où il y a toujours plus d'insectes qu'ailleurs. Si on guette les hirondelles au printemps, il vaut mieux les rechercher près des points d'eau.

L'Hirondelle de cheminée recherche la présence de l'homme. On trouvera son nid jusqu'à l'intérieur de constructions, telles qu'une étable, une grange, dans les corridors ou même les pièces habitées, et plus rarement sur un mur extérieur d'habitation.

Au début du mois de mai, l'hirondelle pond de quatre à six œufs blancs persillés de brun-noir, et la femelle les couve seule durant quatorze à seize jours. Le mâle lui apporte la nourriture au nid, puis après l'éclosion les parents prennent soin des oisillons. Ils leur apportent des insectes au nid durant trois semaines, ils les nourrissent encore et leur apprennent à chasser durant quelques jours après leur envol, et ensuite ils se préoccupent déjà de leur prochaine couvée, qui d'habitude se fait dans le même nid. Il leur arrive de nicher une troisième fois dans l'année, mais les jeunes de cette couvaison arrivent rarement à avoir la force voulue pour la migration, et ils sont alors condamnés à périr. Après la nidification, les hirondelles se rassemblent en bandes très nombreuses pouvant compter quelques dizaines de milliers d'oiseaux, Elles passent alors la nuit, jusqu'à la migration de septembre ou d'octobre, dans les roseaux des étangs.

L'Hirondelle de cheminée a une aire de répartition sur une grande partie du monde: Europe, Asie, Afrique du Nord et presque toute l'Amérique du Nord. Les hirondelles européennes hivernent en Afrique équatoriale, en Afrique du Sud, en Asie, de l'Inde aux Philippines; les américaines hivernent dans les régions du nord de l'Amérique du Sud. Les hirondelles européennes reviennent en leurs lieux de nidification à fin mars et en avril.

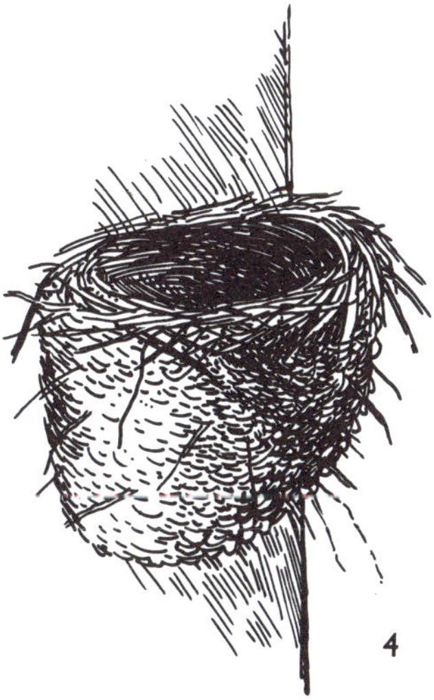

4

2

1

3

L'Hirondelle de cheminée est un oiseau élancé, élégant, noir et blanc, avec des taches brun-rouge sur la gorge et le front (1). En vol, on la distingue de l'Hirondelle de fenêtre par les longs filets de sa queue (2). Les jeunes sont d'un noir plus mat, les taches de la gorge sont peu marquées, les rectrices extérieures sont plus courtes (3).

Le nid est en forme d'écuelle, avec l'ouverture en haut. Il est cimenté de terre mêlée à de la salive (4). Les hirondelles rapportent parfois cette terre de très loin, et elles collent ces petits morceaux comme des briques. Elles y incrustent des bribes d'herbe, des fétus de paille qui pendent parfois dehors, ce qui n'est pas très esthétique. Le creux du nid, assez profond, est garni de brins d'herbe, de plumes et de poils.

L'Hirondelle de fenêtre niche volontiers, elle aussi, à proximité de l'homme, quoique son milieu originel soit, comme celui de l'Hirondelle de cheminée, les parois rocheuses. Mais cette hirondelle-ci ne bâtit pas son nid à l'intérieur des bâtiments, elle choisit plutôt les murs extérieurs, sous un avant-toit, une corniche, une embrasure de fenêtre. Maçonné par les deux partenaires, le nid de l'Hirondelle de fenêtre est plus soigné que celui de l'Hirondelle de cheminée, et il est dépourvu de matériau végétal. Les parents se remplacent pour couver les quatre à six œufs blancs durant quatorze à seize jours. Après vingt à vingt-trois jours de soins au nid par les parents qui apportent des insectes à leurs petits, ces derniers ont toutes leurs plumes, et ils quittent le nid en sachant déjà très bien voler. Au cours d'une saison, un couple élève deux générations, et tant que le nid ne tombe pas en ruine il y revient, le répare et l'utilise durant des années. L'Hirondelle de fenêtre est aussi plus encline que l'Hirondelle de cheminée à nicher en colonies nombreuses, souvent on peut voir plusieurs nids accolés les uns aux autres, sous une corniche ou une embrasure de fenêtre, et cela forme même des bâtiments à plusieurs étages. Avant de prendre leur envol pour la migration, elles se rassemblent en grandes bandes, restent durant quelques jours sur des fils électriques, puis elles disparaissent vers des régions plus chaudes. L'Hirondelle de fenêtre européenne hiverne dans la partie nord de l'Afrique, qu'elle regagne d'habitude en septembre, pour revenir dans sa patrie en avril ou en mai. Cette patrie, c'est l'Europe, l'Asie et l'Afrique du Nord; dans les montagnes elle est plus nombreuse que l'Hirondelle de cheminée, et elle niche à de hautes altitudes, sur les chalets de montagne.

L'Hirondelle de fenêtre est un excellent voilier, elle passe des heures en l'air, et ne descend au sol que pour y récolter des matériaux de construction du nid. Au sol, elle se déplace de façon assez malhabile, à petits pas, car, tout comme l'Hirondelle de cheminée, elle a les pattes courtes et faibles, peu faites pour la marche ou le saut. Elles ne lui servent qu'à s'accrocher à un mur ou à son nid. Elle se distingue aussi par ses pieds emplumés de blanc.

2

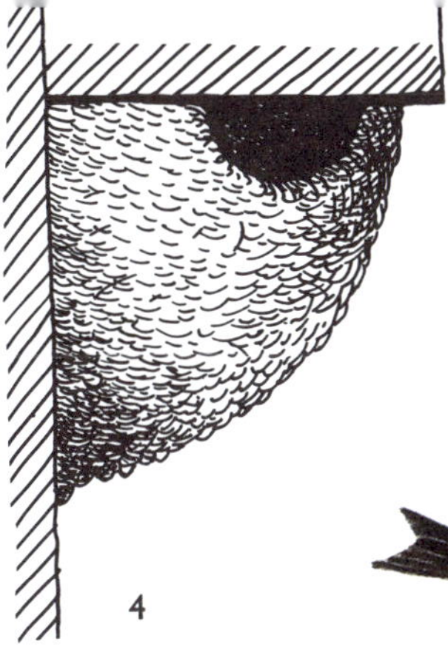

4

3

1

Bien des gens confondent l'Hirondelle de fenêtre avec l'Hirondelle de cheminée, il n'est pourtant pas très difficile de les distinguer. L'Hirondelle de fenêtre est un peu plus petite, avec le dessous blanc, le dos, sauf le croupion, noir-bleu (1). En vol un excellent signe de reconnaissance est fourni par sa queue moins échancrée (2), dépourvue de filets, et dans ses brusques virages apparaît nettement son croupion blanc (3). Les deux sexes ont la même coloration, les jeunes ont le dessus plus mat, le dessous blanchâtre avec un reflet brunâtre. Le signe distinctif pour reconnaître un nid d'Hirondelle de fenêtre de celui de l'Hirondelle de cheminée, est qu'il se trouve complètement fermé avec une toute petite entrée de forme ovale au-dessus. Sa construction dure une semaine environ, pour l'achever les deux oiseaux en tapissent l'intérieur d'une bonne couche de plumes, de poils et d'herbes fines, qui jamais ne dépassent le bord de l'ouverture (4). Si cela était, on peut affirmer que le nid est occupé par des moineaux.

Hirondelle de rivage
Riparia riparia

L'Hirondelle de rivage habite une grande partie de l'hémisphère nord, sa répartition géographique correspond pratiquement à celle de l'Hirondelle de cheminée. Elle vit dans toute l'Europe, l'Asie, une partie de l'Afrique, et en Amérique du Nord. Ses lieux d'hivernage sont également à peu près les mêmes. L'époque du retour vers les nids des Hirondelles de rivage correspond à peu près à celles du retour des Hirondelles de cheminée et des hirondelles de fenêtre. Mais cette hirondelle-ci ne recherche pas le voisinage de l'homme, elle niche de façon complètement différente, mais non moins intéressante. Elle recherche une falaise sableuse ou argileuse de cours d'eau, gravière, sablière, briqueterie, pour y creuser un tunnel, à coups de bec et de pattes. Les deux partenaires creusent de façon très intensive, si bien que le nid est parfois achevé en trois ou quatre jours. Au mois de mai apparaissent, dans la chambre de ponte, les premiers œufs d'un blanc pur. Quand il y en a de cinq à sept, la couvée est au complet, et les parents se relaient pour tenir les œufs au chaud pendant les douze à quinze jours que demande leur incubation. Une deuxième couvée apparaît généralement en juillet. Les parents nourrissent leurs oisillons de petits insectes qu'ils happent au vol. D'abord, ils leur portent la nourriture jusque dans la chambre du fond où se trouve le nid proprement dit, mais par la suite les jeunes sortent jusqu'à l'entrée du tunnel, et c'est alors qu'ils ouvrent un large bec en poussant des cris pour réclamer à manger. Les jeunes quittent l'abri du nid au bout de trois semaines environ, mais ils y retournent encore longtemps pour passer la nuit. Durant les mois d'août et de septembre, les colonies d'Hirondelles de rivage régressent, et en octobre tous les trous sont vides.

2

L'Hirondelle de rivage est assez terne, brunâtre, semblable à l'Hirondelle de fenêtre, quant à la construction du corps et à la queue peu échancrée (1). Le mâle et la femelle ont le dos brun, le dessous d'un blanc sale, une bande pectorale brune (2). Les jeunes se différencient des adultes par une bordure jaune aux plumes brunes, ce qui n'apparaît que lorsqu'on tient l'oiseau en main. Comme toutes les hirondelles, celles-ci volent à la perfection. Elles nichent en colonies par dizaines, voire par centaines de couples, un couple isolé est une très rare exception. La nidification en terriers a cependant certains désavantages: des éboulements font parfois disparaître tout ou partie de grandes colonies, ou encore le simple travail d'extraction de sable ou de glaise dans une carrière entraîne de graves pertes.

Le nid de l'Hirondelle de rivage est un tunnel d'un mètre de profondeur en moyenne (de cinquante à cent cinquante cm), élargi au bout pour former une petite chambre sphérique que les oiseaux garnissent d'herbes sèches et de beaucoup de plumes (3).

1

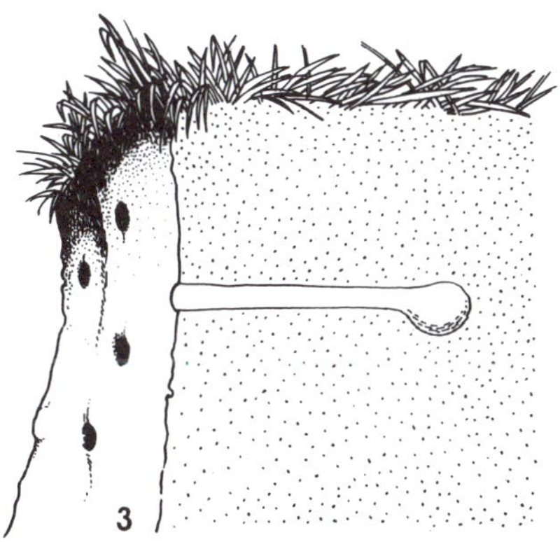

3

Cincle plongeur (Merle d'eau) — Cincles
Cinclus cinclus — *Cinclidae*

Si nous apercevons, sur un ruisseau de montagne à l'eau torrentueuse, un oiseau brun-noir avec un plastron blanc et une queue courte, dressée vers le haut, qu'il agite à tout instant, nous pouvons être certains de nous trouver devant un Cincle plongeur ou Merle d'eau. Parmi les oiseaux chanteurs, il a une situation privilégiée, du fait qu'il est capable de plonger. Il recherche au fond des eaux peu profondes les larves et proies animales qui constituent sa nourriture. Pour ce faire il se tient ferme à une pierre, en serrant ses griffes, il s'aide de ses ailes pour maintenir son équilibre, et capte ses proies dans son bec qu'il traîne au fond de l'eau. Quand il sort de l'eau, il est complètement sec, car l'eau glisse sur ses plumes parfaitement lubrifiées. Il récolte aussi sous l'eau les matériaux de construction de son nid, constitués par des plantes aquatiques. S'il arrache quelque herbe sèche sur le rivage, il la mouille avant de s'en servir. Les deux partenaires participent à l'édification du nid dans un creux entre des racines d'arbre, une fente ou crevasse de rocher, en-dessous d'un pont — généralement à proximité de l'eau courante (souvent lorsque son nid est construit sous une cascade ou un barrage, il doit traverser un rideau d'eau pour l'atteindre). C'est un nid en grosse boule, avec une entrée latérale. Les parents couvent durant quinze à dix-sept jours leurs quatre à six œufs blancs, et les jeunes quittent le nid trois semaines après leur éclosion. La plupart des couples nichent deux fois par an, en avril et en juin. Le Cincle plongeur, tout en étant un habitant des eaux rapides, n'est pas à proprement parler une espèce montagnarde. Nombreux sont les cincles qui nichent dans des régions de basse altitude.

3

Bien qu'il ait la taille d'un merle, le Cincle plongeur, pour la forme du corps et la façon de tenir la queue, rappelle cependant plus le Troglodyte (1). Ses plumes drues sont toujours bien lissées grâce à la glande uropygienne, si bien qu'elles n'absorbent pas l'eau et gardent l'air: l'oiseau qui se déplace sous l'eau est enrobé d'un halo de petites bulles d'air. Son plumage est brun foncé jusqu'à noir, avec un plastron blanc brillant du bec à la poitrine (2). Mâle et femelle sont semblables. Les jeunes ont le dos gris ardoise, le ventre plus clair, et dessus comme dessous sont ondés de raies plus sombres. Un couple occupe un vaste territoire d'environ un km d'eau courante, il le défend âprement et y niche souvent plusieurs années de suite. Ce sont des oiseaux sédentaires qui n'entreprennent que de petites flâneries en hiver.

Le Cincle plongeur habite presque toute l'Europe, l'Asie et l'Afrique du Nord-Ouest (3). Cependant, surtout en Asie, sa répartition n'a pas un caractère continu, elle s'éparpille en petits domaines disséminés, isolés les uns des autres, ce qui a eu pour conséquence de faire apparaître de nombreuses races géographiques.

4

Le *Cinclus mexicanus* vit sur les torrents de montagne des régions occidentales de l'Amérique du Nord, il est gris ardoise avec un cercle blanc autour de l'œil (4).

1

2

Troglodyte Troglodytes

Troglodytes troglodytes *Troglodytidae*

Un très petit oiseau, moucheté de brun, avec une courte queue relevée, très actif et remuant, cela ne peut être rien d'autre que le Troglodyte. Il aime les fouillis de clairières dans tous types de bois et forêts, au bord des cours d'eau, bref il affectionne les broussailles et buissons bien touffus, sous lesquels il se faufile magistralement, dans lesquels il se cache et installe son nid quelque part dans les pinaies basses, entre les racines d'un arbre renversé ou dans une cavité de berge. La vie familiale du Troglodyte a quelques traits intéressants. Non seulement le mâle choisit seul son territoire de nidification, mais c'est encore lui seul qui sera bâtisseur, et non seulement d'un nid, mais de plusieurs, faits de mousse, d'herbes et de feuilles. Quand, par son chant, il a réussi à attirer une femelle, celle-ci examine tous les nids construits par le mâle, et c'est celui qui lui plaît le plus qu'elle parachève en garnissant le creux de poils et de plumes. En avril ou en mai elle y pond cinq à sept œufs blancs finement tachetés de rouge et elle les couve seule durant quatorze à seize jours. Les oisillons quittent le nid alors qu'ils ne savent pas encore bien voler, au bout de quinze à seize jours après l'éclosion. En juin ou en juillet, le couple niche une seconde fois, et c'est alors que nous constatons une autre originalité: les jeunes de la première couvaison s'occupent, avec leurs parents, de leurs petits frères et sœurs, et leur apportent au nid la nourriture, surtout des insectes. Les autres nids préparés par le mâle, avant la couvaison, ne l'ont pas été inutilement. Ce sont des nids de repos où le mâle passe la nuit, et plus tard ce seront les jeunes, ayant quitté le nid natal, qui y dormiront.

4

Le Troglodyte est l'un des plus petits oiseaux qui soient, il ne pèse que neuf grammes environ. Le mâle et la femelle ont la même coloration, des plumes serrées d'un brun roux, avec de fines barres transversales, surtout sur le dessus, en brun foncé (1). Les jeunes ressemblent aux adultes, mais ils ont le ventre plus sombre, et ils ont une queue nettement plus courte. Le Troglodyte passe tout l'hiver dans ses nids, mais parfois il erre un peu dans les environs. Il n'aime pas s'en éloigner trop, et se déplace surtout au sol. Étant donné sa petite taille, sa voix semble particulièrement sonore, c'est sans doute le seul oiseau qui chante

2

1

couramment en hiver. Le Troglodyte élève souvent un Coucou dans son nid qui est assez grand pour un si petit oiseau. Il est en boule, avec une entrée latérale (2).

Toutes les autres espèces de Troglodyte vivent en Amérique du Nord. Une espèce, le *Troglodytes aedon,* est l'une de celles-là. Elle a la queue un peu plus courte que l'espèce européenne (4).

Le Troglodyte vit, en de nombreuses races géographiques, dans tout l'hémisphère nord — en Europe, Asie, Amérique du Nord et Afrique du Nord (3).

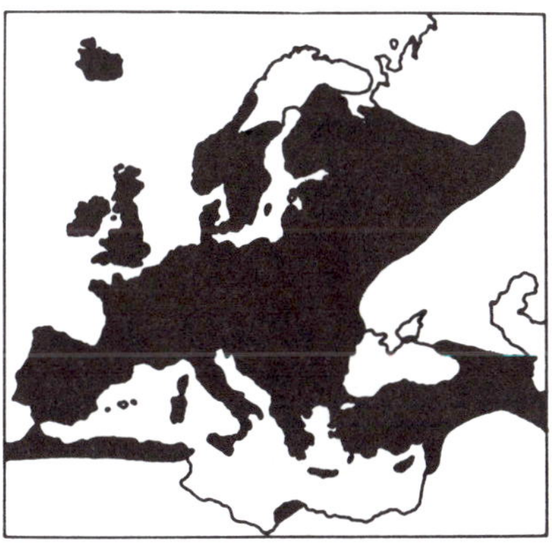

3

Accenteur mouchet
Prunella modularis

Accenteurs
Prunellidae

L'Accenteur mouchet est un oiseau peu connu. Il vit le plus souvent caché, de préférence dans les buissons de conifères touffus, et échappe aisément à l'attention. Mais il ne vit pas uniquement dans les bois de résineux. On peut le trouver également dans les parcs abandonnés, les jardins et cimetières, les haies vives, aussi bien dans les pins alpestres à haute altitude que dans les bois de feuillus des plaines. Ce qui lui importe, c'est de trouver à suffisance de la végétation basse et touffue. La femelle pond 4 à 6 œufs, les couve pendant 12 à 14 jours, son partenaire la relayant de temps à autre. Les jeunes s'envolent du nid, deux semaines après l'éclosion. L'Accenteur mouchet niche deux fois l'an, d'avril à juillet. De septembre à octobre, la grande majorité de ces oiseaux prend son envol pour la migration vers l'Europe occidentale ou méridionale, parfois jusqu'en Afrique du Nord, mais certains individus parviennent à hiverner dans les plaines d'Europe centrale. L'Accenteur mouchet a une nourriture à la fois animale et végétale. En période de nidification, il mange surtout des insectes et leurs œufs, leurs larves, leurs cocons et des araignées; en hiver, il gobe de petites graines et les fruits de certains arbustes.

Le mâle et la femelle ont la tête, la poitrine et la gorge gris-bleu, l'occiput, le dos et les ailes brun foncé tacheté de brun noir (1). Les plumes de la queue sont d'une seule couleur, à la différence des plumes rectrices de l'Accenteur alpin *(Prunella collaris)*, dont le bout est orné de grandes taches blanches ou ocre. Les jeunes sont pareils aux adultes, mais le dessous du corps est tacheté en lignes sombres. L'Accenteur a le bec fin, en aiguille, mais assez large à la racine. Il se déplace surtout au sol, mais au printemps le mâle aime se percher au faîte d'un

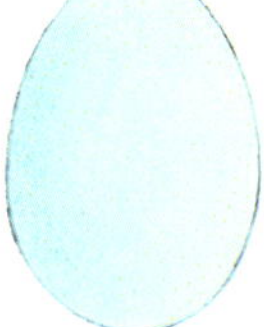

4

3

1

conifère pour lancer son chant. S'il est effrayé, il se laisse tomber au sol comme une pierre et disparaît dans les taillis.

L'Accenteur mouchet habite la plus grande partie de l'Europe (sauf le sud de l'Espagne et de l'Italie et la Grèce), l'Asie Mineure et le Caucase (2). C'est un oiseau migrateur qui revient en son pays en mars ou en avril. Son nid, tissé presque

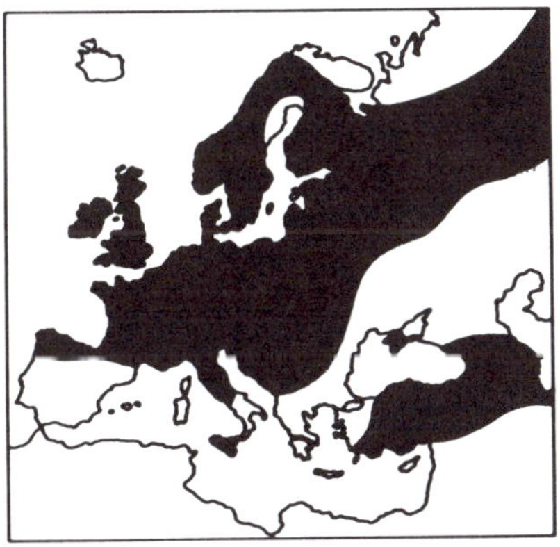

2

exclusivement de mousse et garni de poils (souvent de cerf), ainsi que de soies animales et de capsules rousses de mousse (3), est soigneusement dissimulé dans le sous-bois le plus épais, très souvent dans les épicéas bas. Les œufs sont d'un bleu-vert vif, sans aucune tache (4).

L'Accenteur alpin est typiquement un oiseau de montagne. Il niche plus haut que la limite des forêts, le plus souvent dans les sommets rocheux. Son nid est toujours parfaitement dissimulé dans des crevasses de rocher, des coulées basaltiques, et aussi mais moins souvent sous un gros bloc de pierre ou un buisson dans les alpages, et le découvrir demande de grands efforts. On en a parfois trouvé dans les murs de soutènement de chalets de montagne. La construction du nid est très rudimentaire, et souvent il se défait complètement lorsqu'on le retire d'une crevasse. La couche extérieure est faite de brins d'herbe sèche, l'intermédiaire se compose de mousse, et la garniture du creux d'herbe sèche, racines et poils. La saison de nidification dure assez longtemps, du milieu du mois de mai à juillet, et certains couples nichent deux fois par an. La couvée est formée de trois à cinq œufs unicolores. Les parents alternent pour couver durant une quinzaine de jours. Afin de nourrir leurs petits, ils leur dégorgent la nourriture dans le jabot, tant qu'ils sont au nid, puis ils leur donnent des insectes ou de petits invertébrés. Les oisillons quittent le nid dès l'âge de quatorze à seize jours. On a constaté qu'en général il y a moins d'oiseaux qui s'envolent du nid que d'œufs pondus, en moyenne de un à trois. En grandissant, l'Accenteur alpin ajoute à son alimentation des semences d'herbe et autres végétaux. Quand arrive la saison froide, les accenteurs se rassemblent à proximité des chalets de montagne, et se nourrissent sur les décharges. En cas d'épaisse couche de neige, ils descendent jusque dans les plaines et passent l'hiver en des lieux pas trop éloignés de leurs aires de nidification. On peut donc dire de l'Accenteur alpin que c'est un oiseau partiellement migrateur, qui descend de la montagne vers octobre ou novembre et y retourne en avril.

2

L'Accenteur alpin est à peu près de la taille d'une alouette. Le dos est tacheté en gris-brun, le ventre est gris-brun avec des taches rousses sur les flancs. La tête, le cou et la partie avant de la poitrine sont gris. Le signe distinctif le plus clair est fourni par la tache blanche de la gorge, nettement délimitée et persillée de traits noirs (1). Le mâle et la femelle ont le

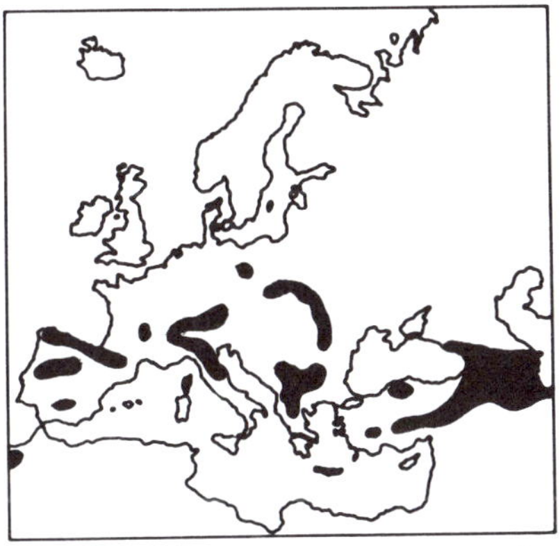

3

même coloris, les jeunes ont une gorge grise sans tache, le reste du corps jaune roussâtre avec des lignes brunes longitudinales très serrées. Les œufs sont d'un bleu-vert clair (2). Le chant de l'Accenteur alpin rappelle celui de l'alouette, et le mâle chante le plus souvent en restant au sol. Cet oiseau n'est pas du tout farouche, et il est facile de l'approcher même à quelques pas. Ce trait de caractère se manifeste chez les oiseaux vivant dans des régions où l'homme n'apparaissait pas, naguère.

L'Accenteur alpin habite les régions de haute montagne de l'Europe centrale et méridionale, d'Afrique du Nord et d'Asie, de l'Iran jusqu'au Japon. Son aire géographique n'est cependant pas continue, puisqu'elle est tributaire des hautes altitudes (3).

1

Locustelle fluviatile — Sylvidés
Locustella fluviatilis — *Sylviidae*

La Locustelle fluviatile est un oiseau que nous entendons plutôt que nous ne le voyons. Il mène une vie très cachée dans les fourrés les plus épais longeant les ruisseaux et les rivières, dans les sous-bois touffus et les prairies humides envahies d'une végétation exubérante. Quand il est effarouché, la plupart du temps il ne s'envole pas, mais se glisse sous des broussailles touffues, où il se déplace avec agilité, plutôt comme une souris que comme un oiseau.

Le territoire de nidification de la Locustelle fluviatile n'est pas très étendu, et ne s'étale que sur une cinquantaine de mètres autour du nid. Le mâle chante avec beaucoup d'ardeur sur la plus haute branche d'un arbuste, et pas seulement pendant le jour, il chante régulièrement pendant la nuit. Mais la plupart du temps, c'est à la saison des nids qu'il se fait entendre, durant la couvaison. Après, il est plus rare de l'entendre. Son gazouillement est une monotone répétition de notes assez basses «dze-dze-dze-dze», en un rythme ininterrompu qui rappelle le son produit par une scie assez rapide. Son chant ne dure pas aussi longtemps que celui de la Locustelle tachetée, et le rythme en est nettement plus lent.

La Locustelle fluviatile revient en ses lieux de nidification à la fin du mois d'avril ou en mai. Elle installe son nid de feuilles, herbes sèches et mousse, très bas au-dessus du sol, assez souvent à proximité de buissons, et elle en garnit le creux d'herbes fines, parfois aussi de poils. La femelle y pond quatre à cinq œufs qu'elle couve durant treize jours environ. Les parents nourrissent les petits d'insectes et autres invertébrés durant deux semaines au nid, et encore deux autres semaines après qu'ils l'aient quitté. En une saison, la Locustelle fluviatile ne parvient à nicher qu'une seule fois. Dès la fin du mois d'août et en septembre, elle prend le départ pour sa migration. C'est une grande voyageuse, et ses lieux d'hivernage s'étendent jusqu'aux rives orientales de l'Afrique du Sud.

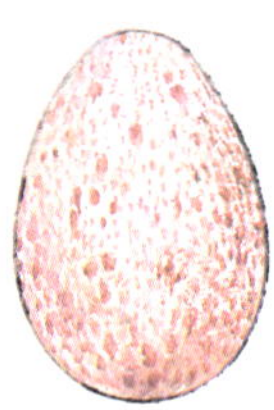
4

La Locustelle fluviatile est un petit oiseau mince, qui n'attire pas l'attention, brun olivâtre sur le dessus, blanchâtre en dessous, légèrement rayé de brun sur le menton et la poitrine, taches qui rejoignent une bande étroite qui s'achève sur le jabot (1). La femelle est de la même couleur que le mâle. Les jeunes n'ont pas de reflet olive, et sont tachetés sur la gorge et la poitrine. Un caractère de cette

1

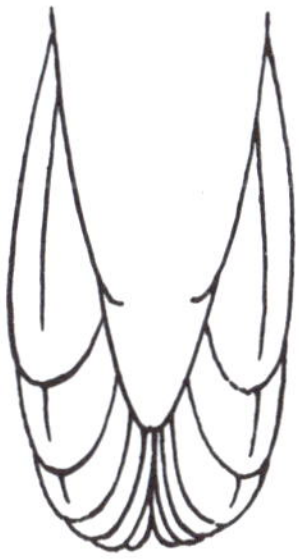

3

Locustelle, et qui compte pour toutes les locustelles, c'est la queue étagée, avec de longues sous-caudales (2). (L'illustration 3 montre — à titre de comparaison — la queue de la rousserolle).

Les œufs de la Locustelle fluviatile sont blanchâtres, avec un semis très serré de taches rouge-brun (4).

La Locustelle fluviatile est surtout une espèce d'Europe orientale. Elle ne vit que sur un territoire assez limité entre l'Allemagne de l'Est et l'Oural, du sud de la Suède au nord de la mer Noire (5).

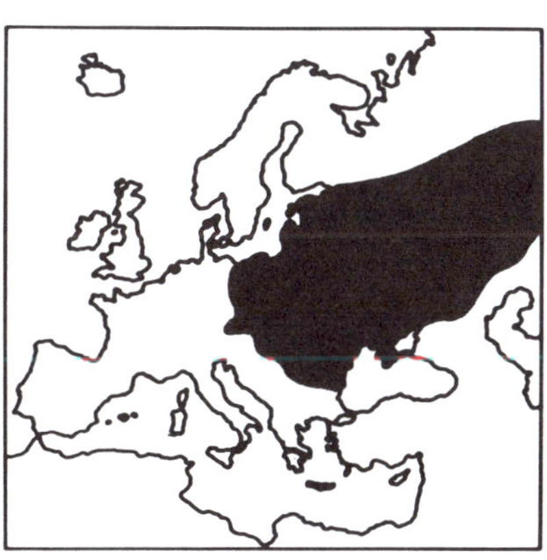

5

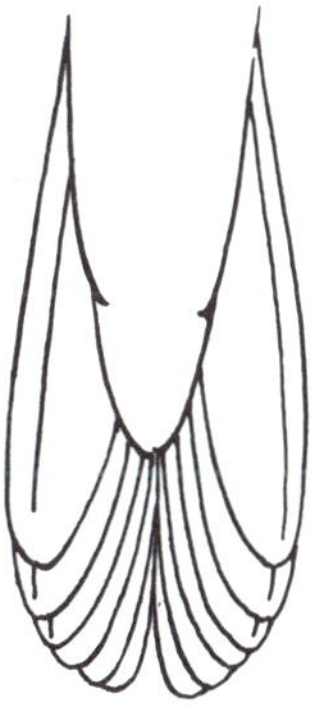

2

Locustelle tachetée

Locustella naevia

Sylvidés

Sylviidae

La Locustelle tachetée a le même mode de vie que la fluviatile, elle reste tout aussi cachée et mystérieuse; et parvenir à la voir est également rare. Cependant elle habite un milieu légèrement différent de celui de sa parente: elle vit dans les prairies humides avec d'épaisses saulaies ou des buissons d'aulnes, sur les rives humides des étangs ou dans les terrains inondables des grands fleuves avec quelques rares arbres et buissons; on la trouve aussi, exceptionnellement, dans les champs de betteraves et de trèfle. Avec un peu d'habitude, on peut très bien distinguer la voix du mâle de la Locustelle tachetée de celle de la fluviatile. C'est un trille métallique «sirrrr» sur un seul ton, sans interruption notable. Le mâle de la Locustelle tachetée chante avec beaucoup d'énergie, surtout durant la nuit. Cette Locustelle revient sur ses lieux de nidification en avril et mai. Le nid, relativement profond, est bâti par les deux partenaires avec des feuilles et des tiges de graminées, soit au sol, soit très peu au-dessus, dans un entrelacs touffu de branchages. Assez souvent les parois du nid sont entrelacées de cocons d'insectes, et le creux en est garni de fines herbes sèches et d'une petite quantité de poils. Les œufs sont semblables à ceux de la Locustelle fluviatile, la couvée en réunit cinq à six, et les parents se relaient pour les couver durant environ treize jours. Ils participent également ensemble au nourrissage des oisillons au nid durant dix à douze jours. En août ou en septembre, les Locustelles s'envolent vers le sud, en Europe méridionale, en Afrique du Nord et partiellement en Inde.

3

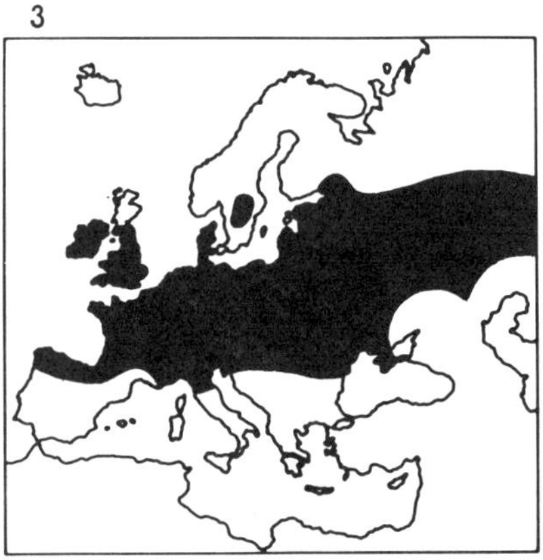

La Locustelle tachetée a le dessus vert-brun, elle est rayée de noir-brun, le ventre est blanc jaunâtre sans tache ou seulement marqué de taches très légères sur la poitrine (1). Les deux sexes ont la même coloration. Les jeunes oiseaux sont pareils aux adultes, mais ils ont des taches plus marquées sur le jabot. Le mâle de la Locustelle tachetée se pose au sommet d'un buisson ou sur un roseau pour chanter. Pour autant que nous ayons la chance de l'apercevoir quand il chante, nous admirerons sûrement le bec large ouvert, dont jaillit sa stridulation soutenue souvent durant une à trois

1

minutes (2). Tout en chantant, l'oiseau tourne la tête d'un côté à l'autre, si bien que ses trilles se renforcent ou semblent s'affaiblir, donnant l'impression que l'oiseau se déplace d'un endroit à l'autre.

L'aire géographique de la Locustelle tachetée s'étire en une large bande partant du nord de l'Espagne à travers toute l'Europe jusqu'au sud-ouest de la Sibérie et l'Asie centrale, mais elle ne niche pas sur les hauteurs des Pyrénées, des Apennins et des Balkans (3).

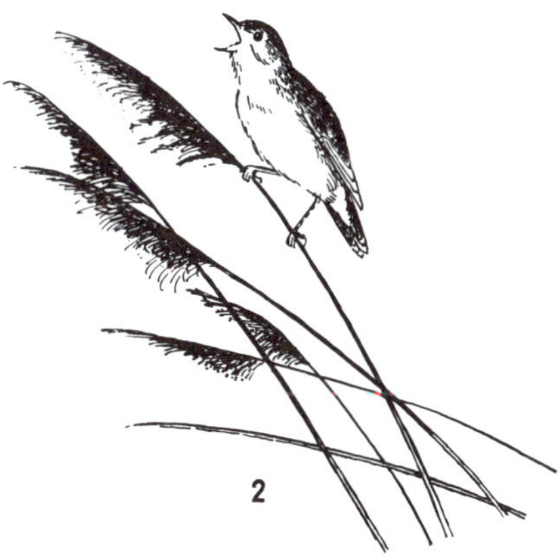

2

Rousserolle turdoïde Sylvidés
Acrocephalus arundinaceus *Sylviidae*

Le Rousserolle turdoïde est un oiseau globe-trotter, qui habite l'Europe entière, sauf la Scandinavie et la Grande-Bretagne, mais on la trouve aussi en Afrique du Nord et en Asie Mineure. En outre, sous diverses races, cette Rousserolle vit dans le reste de l'Asie jusqu'aux Philippines, et même dans toute l'Australie. Son milieu de prédilection se trouve dans les épais fourrés de roseaux. C'est le type même d'oiseau migrateur, qui ne revient en ses nids qu'au mois de mai. C'est la femelle qui édifie seule le nid, et il faut reconnaître qu'elle est un maître bâtisseur. Comme matériaux de construction, la Rousserolle turdoïde emploie diverses tiges et hampes de plantes aquatiques, et le creux est garni de duvet de panicules de roseaux. Le nid de la Rousserolle turdoïde est toujours placé au-dessus de l'eau, le plus souvent à une hauteur de cinquante à cent cm. La femelle pond cinq à six œufs verdâtres ou bleuâtres, tachetés de brun ou de gris. Les parents couvent durant treize à quinze jours, et prennent ensemble soin des petits après l'éclosion, durant encore une douzaine de jours au nid. Quand les jeunes quittent le nid, ils ne sont pas encore capables de voler, mais ils grimpent adroitement dans les oseraies où leurs parents continuent à les nourrir pendant deux semaines de plus. Le territoire natal est assez réduit, et ne dépasse pas vingt à trente mètres autour du nid. La Rousserolle turdoïde élève souvent les petits du Coucou dans ses nids. Elle se nourrit d'insectes aux divers stades de leur évolution, mange des araignées et autres petits invertébrés qu'elle récolte parmi les plantes aquatiques et sur la surface de l'eau. La Rousserolle européenne se met en route au mois de septembre, pour gagner ses hivernages de l'équateur et de l'Afrique du Sud; les populations asiatiques hivernent en Asie du Sud-Est.

La Rousserolle turdoïde mène une vie cachée, elle attire cependant l'attention par son chant rauque, audible de loin, où se répète un motif clair «karre-karre- kit-kit». Ce chant est si sonore qu'on l'entend pardessus celui de tous les autres oiseaux des roselières, et souvent le mâle se perche sur un roseau plus haut pour le lancer de façon très intensive, parfois même pendant la nuit.

La Turdoïde est la plus grande de toutes les Rousserolles européennes, elle atteint à peu près la taille d'une grive. Son plumage est simple, assez terne, pareil chez les deux sexes. Le dessus du corps est d'un brun uni, le dessous couleur pain doré, au-dessus de l'œil s'étire une bande claire, peu marquée (1). Les oisillons au nid ont l'intérieur du bec coloré en jaune orangé avec des reflets de bronze, les coins de la bouche sont d'un jaune vif, et sur la langue on voit deux taches noires, en longueur (2). Le nid est une corbeille atteignant vingt cm de profondeur, suspendue à quelques hampes de roseaux, certaines encore vertes, de l'année, d'autres déjà sèches, si bien que l'on dirait que ces roseaux verts croissent directement à partir du nid (3).

1

3

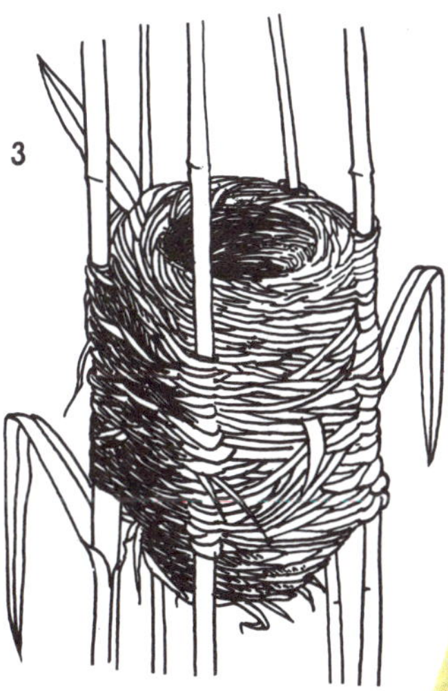

2

Phragmite des joncs Sylvidés
Acrocephalus schoenobaenus *Sylviidae*

Le Phragmite des joncs habite dans les joncs, les roseaux, les laîches des bords d'étangs et de rivières, dans l'herbe haute et les broussailles, mais aussi dans les prairies humides avec des buissons isolés de saules ou même loin de l'eau, dans un champ de blé ou de betteraves. Son aire géographique s'étend, outre la péninsule ibérique, pratiquement à toute l'Europe et en Sibérie jusqu'au Iénisseï. C'est un oiseau migrateur qui s'envole aussi loin que l'Afrique tropicale, pour passer l'hiver. Son nid n'est pas «amarré» aux hampes des plantes aquatiques comme celui d'autres phragmites ou rousserolles, il est seulement serré entre des tiges de l'année précédente. Les deux oiseaux participent à sa construction, mais c'est la femelle qui fait le plus lourd travail. La couche extérieure est faite de feuilles d'herbes sèches et de roseaux, vers l'intérieur le matériau est de plus en plus fin et dans le creux il y a des bribes de panicules, de la laine végétale et des poils. Les quatre à six œufs pondus, presque unicolores, jaune gris avec des traits fins comme des cheveux du côté du gros bout, sont couvés durant douze à treize jours. Les petits sont alors soignés au nid par les parents pendant treize à quinze jours, puis ils en sortent, et sont encore nourris d'insectes durant deux semaines, à proximité du nid natal. Quand leurs petits sont devenus indépendants, il arrive souvent que les parents nidifient une deuxième fois dans la même saison. Cette saison de nidification se répartit ainsi de mai à juillet, et entre septembre et octobre, le Phragmite des joncs nous quitte pour aller hiverner sous des cieux plus cléments, afin de revenir en avril ou mai.

Le territoire de nidification du couple est réduit à quelque vingt à quarante mètres autour du nid, le mâle chante avec beaucoup d'assiduité dans ses alentours, même parfois pendant la nuit. Son chant donne une impression de hâte, de précipitation, où se répète de temps à autre son typique «voïd, voïd».

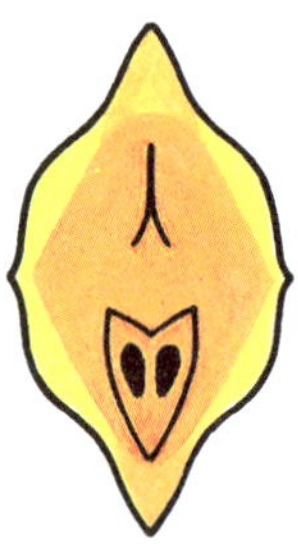

2

Le Phragmite des joncs a le dos fortement rayé de brun avec des tons olive, il a des taches sombres sur les flancs, un croupion roux immaculé. Le dessous du corps est crème, tout uni. Il porte une calotte très sombre, se différenciant ainsi d'un frère qui lui ressemble fort, le Phragmite aquatique *(Acrocephalus paludicola)* qui, lui, a au

3

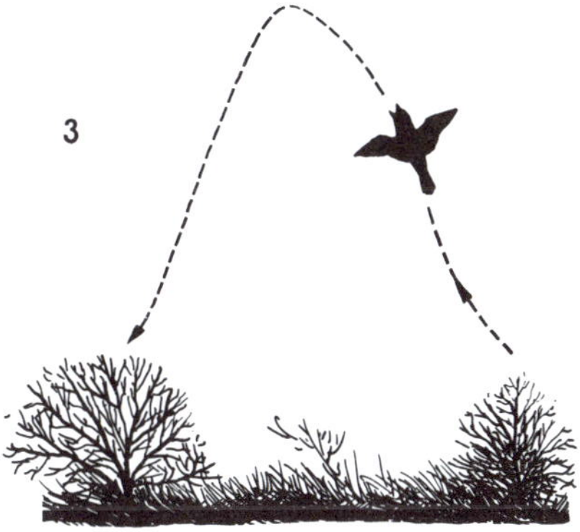

milieu du crâne une bande longitudinale jaune-brun, et des sourcils clairs nettement marqués (1). Les deux sexes du Phragmite des joncs ont la même coloration. On peut très bien reconnaître les oisillons au dessin bien marqué qu'ils ont à l'intérieur du bec. Ce dernier est jaune-orangé avec des bords plus clairs, la langue porte deux taches noires, allongées avec des contours très aigus (2). On reconnaîtra sans erreur le Phragmite des joncs au fait que le mâle met souvent le point final à son chant par un vol nuptial vertical et planant, ailes largement ouvertes et queue tendue de biais (3). Aucun autre Phragmite n'agit de cette façon.

1

Rousserolle verderolle Sylvidés
Acrocephalus palustris *Sylviidae*

On distingue la Rousserolle verderolle des autres rousserolles à quelques caractères. D'abord, elle n'est pas autant tributaire de milieux humides que les autres membres de sa famille. On la trouve non seulement dans leurs milieux typiques, mais aussi dans des champs de betteraves, de blé, de trèfle, dans des bordures buissonneuses de champs, dans des touffes de mauvaises herbes, souvent dans les orties. Son chant n'est pas aussi rauque que celui de ses apparentées, mais plutôt doux et mélodique. Il se rapproche de celui de l'Hypolaïs ictérine, *Hippolais icterina.* Cette rousserolle imite à la perfection la voix d'autres oiseaux, si bien qu'en l'écoutant c'est comme si nous entendions l'Effarvatte, avec des trilles de canari, un gazouillement d'hirondelle, et dans ce concert viendraient margoter une caille et chanter encore d'autres oiseaux vivant dans le voisinage. De ses lointains lieux d'hivernage d'Afrique orientale, elle nous revient en mai, et se met tout de suite à bâtir son nid à la mode rousserolle: elle l'attache à quelques tiges ou branchettes, mais toujours au-dessus de la terre sèche. Elle l'entremêle de feuilles sèches et de hampes d'herbacées, de fibres végétales et de duvet. Les œufs sont bleuâtres ou verdâtres avec de grandes taches brunes pas très serrées. La femelle en pond quatre ou cinq, et les deux parents les couvent en alternance durant douze à treize jours, puis nourrissent ensemble leurs oisillons au nid pendant à peu près le même temps. La nourriture de la Rousserolle verderolle se compose principalement d'insectes, et accessoirement de quelques baies. La Rousserolle verderolle est une espèce européenne, sa répartition géographique s'étend de France jusqu'à l'Oural. Elle est absente dans les péninsules ibérique et italienne, et dans presque toute la Scandinavie.

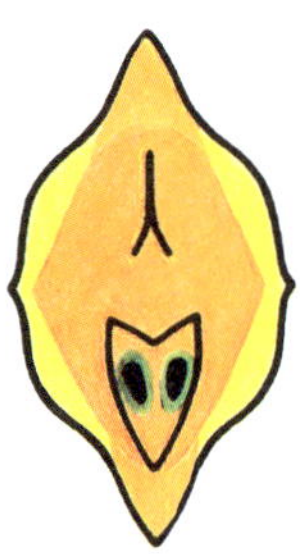

4

Le plumage de la Rousserolle verderolle est assez terne. Le mâle et la femelle sont pareils, avec le dos sombre, brun olivâtre, plus clair en dessous, d'un blanc tirant sur le brun. Les bandes sourcilières ne sont pas très marquées, en plus clair (1). Cette rousserolle ressemble donc fort à l'Effarvatte, et c'est surtout à sa voix qu'on fera la distinction, sur le terrain. Si l'on tient la Rousserolle verderolle en main, on la déterminera d'après l'entaille des barbes de la deuxième rémige primaire, qui est plus

haute que le sommet de la huitième rémige (entre la septième et la huitième [2]) ainsi que d'après la couleur jaune orangé de l'intérieur de son bec. Chez la Rousserolle effarvatte l'entaille est plus basse que le dessus de la huitième rémige (3), et l'intérieur du bec est rouge orangé. Mais ces traits distinctifs n'étant pas valables généralement, la distinction à la main est très difficile même pour un spécialiste. Les petits de la verderolle ont l'intérieur du bec de couleur orange, sur la langue deux longues taches noires, avec un bord peu net (4). Le territoire de nidification de la verderolle est réduit à vingt ou trente mètres autour du nid. Le mâle le défend avec beaucoup d'ardeur, en chantant même la nuit.

Hypolaïs ictérine
Hippolais icterina

Sylvidés
Sylviidae

Le petit nid de l'Hypolaïs ictérine est l'un des plus beaux nids d'oiseaux qui soient. Les deux partenaires le bâtissent ensemble, toujours sur un buisson ou un arbre feuillu, et les rameaux sur lesquels il est fixé sont incrustés dans la paroi du nid. Ce dernier est très proprement tissé de feuilles d'herbes sèches, de bribes de mousse, de cocons d'insectes, et même décoré en surface de bandes blanches d'écorce de bouleau. Dans le creux douillet, garni de plumes et de poils, la femelle pond de trois à cinq jolis petits œufs roses, persillés de rares petits points noirs, vers la fin du mois de mai ou en juin. Elle les couve presque seule, son compagnon ne la remplaçant que quelques heures vers midi. Au bout de douze à treize jours de couvaison, les jeunes éclosent, puis leurs parents les nourrissent au nid durant une période à peu près égale. Les couples ne peuvent nicher plus d'une fois par saison, car dès la fin du mois d'août l'Hypolaïs ictérine nous quitte pour entreprendre son long voyage jusqu'en Afrique centrale et australe. Elle nous en reviendra au mois de mai et se réinstallera dans les bois clairs de feuillus, les parcs et les jardins.

La nourriture de cette fauvette se compose surtout d'insectes, et ce aux divers stades de leur évolution, mais elle mange aussi à l'occasion quelques fruits mûrs.

Le chant sonore de l'Hypolaïs ictérine vaut que l'on s'y attarde. C'est une bonne imitation des voix d'autres oiseaux, entremêlées à son chant propre. Le plus souvent, elle en répète trois fois le motif principal, que l'on reconnaîtra principalement par son cri d'alarme caractéristique «dedehoï, dede hoï», et que l'on retrouve aussi dans le chant lui-même. L'Hypolaïs ictérine se déplace surtout dans la couronne des arbres à feuilles caduques, le mâle chante très souvent, et alors ses plumes se hérissent sur son crâne.

L'Hypolaïs ictérine est un oiseau de petite taille, plus petit qu'un moineau, vert brun au-dessus et jaune soufre en dessous, avec un sourcil jaune plus clair au-dessus de l'œil (1). Le mâle et la femelle ont la même coloration de plumage, et les jeunes sont pareils, sauf que chez eux le jaune est un peu plus pâle. Elle ressemble fort à l'Hypolaïs polyglotte, elle s'en distingue cependant

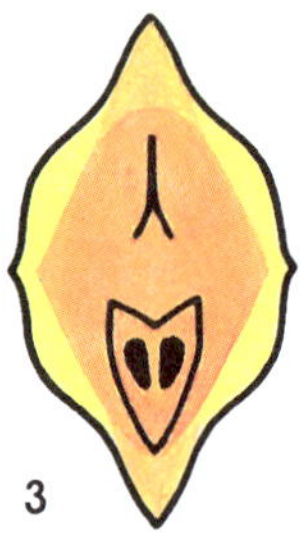

3

par ses pattes gris-bleu, la longueur des ailes (69 à 85 mm) et ses plumes, examinées séparément: la première rémige a la même longueur ou est un tout petit peu plus longue que les plumes de couverture; la deuxième rémige se situe, en longueur, entre la troisième et la cinquième (2). Les petits au nid ont l'intérieur du bec de la même couleur que les petits du Phragmite des joncs — jaune orangé, avec deux taches noires sur la langue (3).

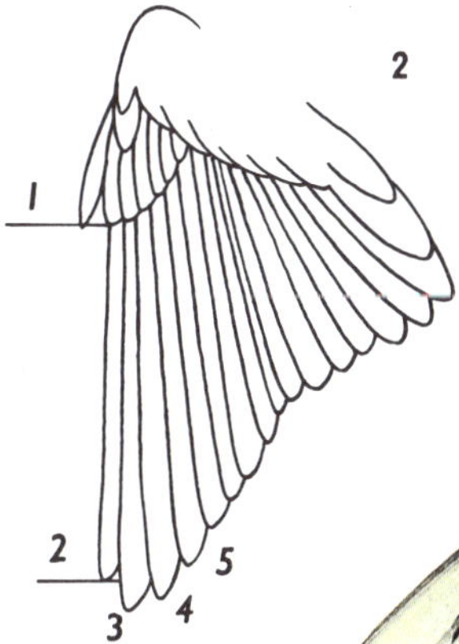

2

1

Son aire géographique s'étend surtout en Europe, partant de la France du Nord et de l'Est, pour s'étaler vers l'est en une large bande atteignant la Sibérie, jusqu'à l'Obi (fleuve de l'U.R.S.S.) (4).

4

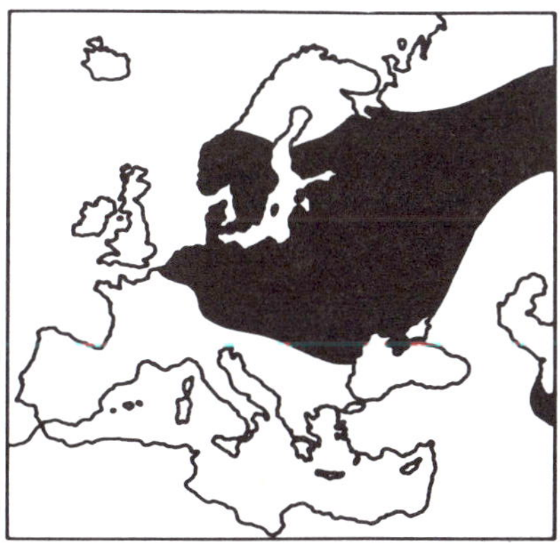

Hypolaïs polyglotte Sylvidés
Hippolais polyglotta *Sylviidae*

L'Hypolaïs polyglotte chante tout aussi bien que son apparentée l'Hypolaïs ictérine. Mais son chant est un peu plus doux, cependant elle répète également très souvent, et avec un grand art, les motifs de chants d'autres oiseaux. Il lui arrive également de chanter en plein vol. Elle habite la partie occidentale de l'Europe, où elle remplace l'Hypolaïs ictérine. Dans les endroits occupés conjointement par l'Hypolaïs polyglotte et l'Hypolaïs ictérine, les mâles défendent âprement l'un contre l'autre leur territoire de nidification; exceptionnellement on peut trouver des couples mixtes des deux espèces. L'Hypolaïs polyglotte habite les mêmes milieux que l'ictérine, des bois d'arbres à feuilles caduques, des espaces embroussaillés, des parcs et des jardins. C'est un oiseau migrateur qui nous revient d'avril à mai et qui, en général, ne niche qu'une fois l'an. Le nid de la polyglotte est très semblable au nid de l'ictérine, sans doute un peu plus petit et de construction plus massive. Les deux partenaires participent à son édification, habituellement dans des buissons. Les quatre ou cinq œufs sont couvés par la femelle seule durant treize jours environ, puis après l'éclosion les parents nourrissent les petits au nid, en leur apportant des insectes, pendant douze ou treize jours encore. Au cours des mois d'août et de septembre, l'Hypolaïs polyglotte s'en retourne vers ses lieux d'hivernage.

4

Quant à l'apparence extérieure, l'Hypolaïs polyglotte ressemble fort à l'Hypolaïs ictérine. Elle s'en différencie cependant par ses pattes brunâtres et ses ailes plus courtes (59 à 70 mm) (1). Les proportions entre les différentes rémiges s'établissent comme suit: la deuxième se situe, quant à la longueur, entre la sixième et la huitième (2). Le mâle et la femelle sont pratiquement de la même couleur, et la robe des petits est très similaire. Il n'ont point de duvet, comme les autres Hypolaïs et les oisillons juste éclos sont tout nus.

1

Les œufs de l'Hypolaïs polyglotte sont rosâtres tachetés de noir (3).

La limite de son aire géographique est grossièrement une droite imaginaire, tirée vers le nord, qui continuerait les Apennins. Elle vit aussi dans les régions du nord de l'Afrique (4).

2

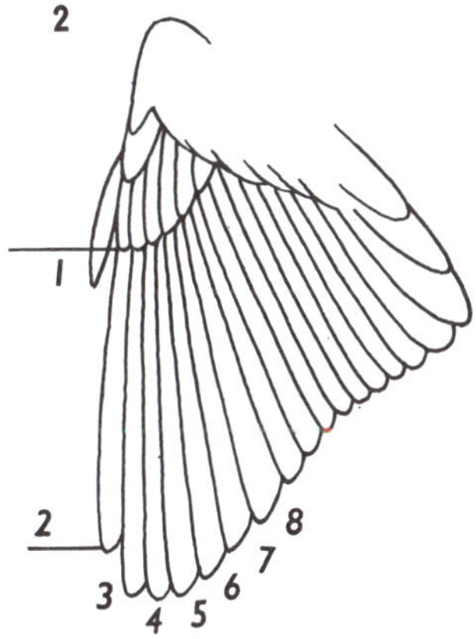

3

Fauvette des jardins
Sylvia borin

Sylvidés
Sylviidae

La Fauvette des jardins habite pratiquement toute l'Europe, à l'exception de l'extrême nord et de l'extrême sud. La frontière de son aire géographique s'étire jusqu'en Asie et prend fin en Sibérie occidentale. Sur cet immense territoire, la Fauvette des jardins s'installe dans les forêts d'arbres à feuilles caduques et les forêts mixtes avec un sous-bois touffu, mais elle préfère leurs clairières, les orées, ainsi que les buissons sur les rives de rivières ou d'étangs, les parcs, les allées bordées d'arbres, et cela tout aussi bien dans les plaines de basse altitude que dans les hauteurs. Elle revient au mois de mai de ses lieux d'hivernage d'Afrique tropicale et australe. Dès le retour, les deux partenaires se mettent à bâtir le nid, quelque part dans des buissons bas et touffus, souvent dans des ronces ou des framboisiers. C'est un nid assez grand, mais peu soigné. La couche extérieure est constituée presque exclusivement de tiges d'herbes rondes, et sèches; la couche intérieure est faite d'herbes sèches plus fines et parfois d'un peu de poils. La femelle pond quatre ou cinq petits œufs dont la couleur varie du jaunâtre au verdâtre, avec des taches grises ou brunes. Les parents couvent avec une grande assiduité durant douze à quatorze jours. Dès qu'ils ont l'âge de onze à douze jours, les petits se mettent à sauter hors du nid, quoiqu'ils ne sachent pas encore vraiment voler. Entre-temps, le mâle a construit un autre nid, mais le couple ne l'utilisera plus, car il ne nidifie qu'une fois l'an. La Fauvette des jardins se nourrit principalement d'insectes, mais à l'automne elle mange des baies ou autres fruits d'arbres et d'arbustes, comme le font toutes les fauvettes. A la fin du mois d'août ou au début de septembre, la Fauvette des jardins déménage vers des lieux plus cléments.

La Fauvette des jardins est un oiseau au plumage assez terne, de la taille d'un moineau. Le dessus est brun-gris uniforme, le dessous pâle (1). Le mâle a la même coloration que la femelle, les jeunes ont le dos un peu plus roux, et le dessous un peu plus brun-jaune, sans la gorge claire des adultes. Les petits au nid ont l'intérieur du bec d'un rouge sale avec les bords blanc-jaune; sur la langue, ils ont deux taches grises longitudinales qui ne se voient d'ailleurs pas très nettement, et qui manquent parfois (2).

Le territoire du nid n'est pas très étendu, environ cinquante mètres à la ronde. Le mâle émet avec beaucoup d'énergie son chant admirable, en se plaçant en différents endroits. Ce sont des strophes assez longues, exécutées sur un rythme rapide, et presque continuellement sur le même ton élevé, sans accent saillant. Il y manque la flûte caractéristique de la Fauvette à tête noire. Les couples de Fauvette des jardins ont le triste privilège d'être souvent les hôtes involontaires de jeunes coucous, qu'ils élèvent plutôt que d'élever les leurs.

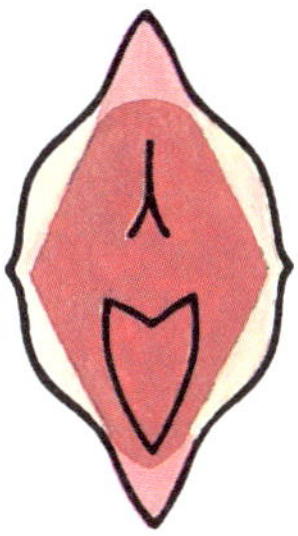

2

1

Fauvette à tête noire
Sylvia atricapilla

Sylvidés
Sylviidae

Parmi toutes les fauvettes, c'est la Fauvette à tête noire qui est le plus typiquement un oiseau des bois. Elle n'habite pas seulement les bois à feuilles caduques, comme la Fauvette des jardins, mais aussi les sombres forêts de conifères, surtout les bois d'épicéas des plaines comme des montagnes. Cependant, elle s'installe aussi dans les jardins touffus et les parcs. En un endroit toujours fortement ombragé, le plus souvent très peu au-dessous du sol, elle se bâtit un nid pas trop soigné, fait de brindilles, hampes et feuilles d'herbes, et elle en garnit le creux avec des herbes plus fines, des radicelles et une petite quantité de poils. Les deux parents couvent leurs quatre à six œufs, uniformément brunâtres ou légèrement tachetés de chocolat, en se remplaçant durant treize à quatorze jours, puis ils nourrissent ensemble leurs petits au nid onze à treize jours encore. Les couples qui ont mené à bien une première couvée nidifient une deuxième fois en juin ou juillet. Le chant du mâle est très sonore, et d'une grande beauté. La Fauvette à tête noire est l'un des plus admirables oiseaux chanteurs. Le chant entier se compose d'un gazouillis d'ouverture plus doux, suivi d'un motif de flûte accentué en «forte». Le chant entier est exécuté sur un rythme moins précipité que celui de la Fauvette des jardins. La Fauvette à tête noire vit dans l'Europe entière, en Asie jusqu'en Sibérie occidentale, mais aussi en Asie occidentale et sur les côtes de l'Afrique du Nord. Elle revient régulièrement sur ces terriroires en avril, et les quitte en septembre et octobre pour aller hiverner en Méditerranée ou jusqu'en Afrique centrale. On a pourtant constaté des cas où la Fauvette à tête noire a passé l'hiver dans l'Europe centrale relativement froide. Elle peut le faire, car dans son alimentation il entre une plus grande part de nourriture végétale — tels des baies, sureau noir et rouge, sorbes, viorne et vigne vierge — que chez les autres fauvettes.

Le mâle a le dos brun grisâtre et les flancs gris, sur la tête une calotte noire nettement délimitée, allant jusqu'aux yeux (1). Les jeunes mâles, surtout au moment de la mue d'automne, ont la calotte brun-roux. Les femelles ont davantage de brun sur le dos et de brun-jaune sur les flancs, leur calotte est également brun-roux (2). Les jeunes ressemblent aux femelles. Les oisillons au nid ont l'intérieur du bec d'un rouge sale, bordé de blanc-jaunâtre, et sur la langue deux taches longitudinales gris foncé, sans bordure nette (3). Chez cette fauvette, le mâle se bâtit un nid en supplément, où il aime s'installer pour chanter. La femelle, si elle est effrayée au nid, tente d'éloigner l'ennemi en simulant une blessure; ainsi font également la Fauvette épervière et la Fauvette babillarde.

Fauvette babillarde
Sylvia curruca

Sylvidés
Sylviidae

La Fauvette babillarde est plutôt un oiseau des terrains ouverts, elle évite les grands espaces boisés. Pour nicher, il lui suffit d'un groupe d'arbustes, quelque part au bord d'un chemin de campagne, du plus réduit des breuils des champs, un jardin, un parc, un cimetière, souvent même dans un parc de grande ville.

La Fauvette babillarde nous revient la première de toutes les fauvettes, la plupart dans la deuxième moitié du mois d'avril. Les mâles reviennent environ une semaine avant les femelles, et entre-temps ils occupent leur territoire de nidification. Puis, quelque part dans des broussailles, à peu près à un mètre au-dessus du sol, il bâtit deux nids, nettement plus petits que ceux des autres fauvettes. La construction, faite de tiges sèches, de brins et de feuilles d'herbes, est très fruste, et dans la couche extérieure sont entremêlés des fils de toile d'araignée. Après la ponte de quatre à six œufs blanc jaunâtre, avec d'assez grandes taches brunes et grises qui forment souvent une couronne autour du gros bout, les parents couvent alternativement jusqu'à l'éclosion des oisillons, ce qui dure de onze à treize jours. Le nourrissage au nid dure à peu près le même laps de temps. Ensuite, les parents nourrissent les petits encore un certain temps, autour du nid, mais se préparent bientôt à élever une deuxième génération.

La Fauvette babillarde n'est pas aussi farouche que les autres fauvettes, et elle réagit assez faiblement à l'approche humaine. Elle aussi élève souvent un petit coucou dans son nid.

En septembre et en octobre, la Fauvette babillarde entreprend son long voyage vers le sud. Les oiseaux européens vont hiverner en Afrique tropicale, les sous-espèces asiatiques hivernent en Inde et à Ceylan.

3

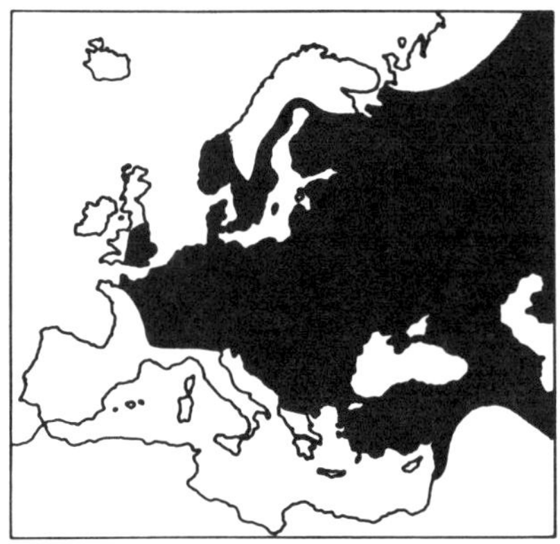

La Babillarde est l'une des plus petites fauvettes. Elle est brun-gris au-dessus, blanc sale en dessous, et ses ailes sont brun foncé. Elle a la tête grise avec des joues sombres, la gorge presque blanche. Ses pattes sont bleuâtres ou d'un gris métallique (1). On reconnaît les oisillons au nid à l'intérieur orange de leur bec, avec deux taches grises pas très marquées sur la langue (2).

Le mâle chante moins souvent que les autres fauvettes. Son chant se compose de deux parties: une fine ouverture, un gazouillis si doux qu'on ne l'entend que de très près, et le chant central, qui est une répétition de sons frappants, tous semblables, «dlidlidlidli», parfois perlés chez certains, peu clairs chez d'autres, si bien qu'il semble que l'oiseau soit en train de coudre à la machine.

L'aire géographique de la Fauvette babillarde s'étend sur toute l'Eurasie. En Europe, elle est absente de la moitié occidentale de la France, de la péninsule ibérique, d'une grande partie de la péninsule italienne et de la moitié nord de la Scandinavie. A l'est, son aire géographique s'étend jusqu'en Mongolie (3).

1

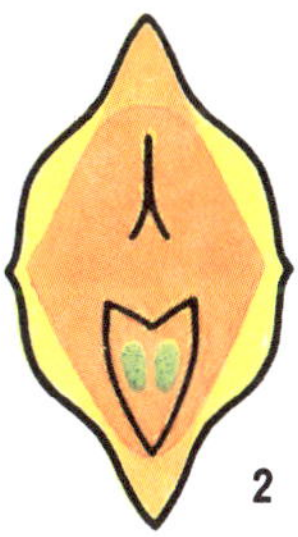

2

Fauvette grisette Sylvidés
Sylvia communis *Sylviidae*

La Fauvette grisette niche dans des endroits identiques à ceux que choisit la Fauvette babillarde, à l'orée des bois et dans les clairières, dans les haies vives, les jardins et les parcs, dans des groupes de buissons isolés dans les champs, mais aussi dans les fossés envahis de végétation ou dans les orties. On distingue la grisette de la babillarde surtout par le chant, car les deux se ressemblent. Le mâle a l'habitude de se percher sur une hauteur pour chanter, puis de temps à autre, toujours en chantant, il monte dans les airs, puis redescend dans les broussailles. Aucune autre fauvette n'exécute un tel vol nuptial en chantant. Le chant du mâle a de brèves strophes qui se terminent sur une note plus accentuée, sur un ton interrogatif. Le nid est construit par les deux oiseaux, il est fait surtout de brins d'herbe sèche, souvent entrelacés de fils de cocons d'insectes ou de toiles d'araignée. Les quatre à six œufs verdâtres aux taches grises ou brunes, sont couvés par les parents, pendant douze à treize jours. Les oisillons sont nourris au nid onze à treize jours, puis ils le quittent. Pendant son séjour sur les lieux de nidification, le couple élève deux générations de petits, l'une de mai à juin, l'autre de juin à juillet. Au cours du mois de septembre, la Fauvette grisette s'envole vers ses lieux d'hivernage: les oiseaux européens séjournent en Afrique tropicale, les asiatiques en Inde et en Arabie. Revenus dans leur patrie, qui est l'ensemble de l'Europe, sauf les régions septentrionales de la Scandinavie, une grande partie de l'Asie, en plus des côtes nord de l'Afrique, ils reprennent possession des lieux dès le mois d'avril ou mai, et se remettent à bâtir leur nid.

La Fauvette grisette est d'une grande simplicité de couleurs. Le mâle a la tête gris cendré, une gorge blanche, un dos gris-brun, le dessous blanchâtre avec des reflets roses. Les plumes d'épaule ont une bordure rousse bien marquée (1). La femelle se distingue du mâle par sa calotte brunâtre. Les pattes sont jaunâtres, tirant sur le brun (2). L'intérieur du bec des oisillons au nid est d'un rouge sale, et il est bordé de jaune, sur la langue

2 ♂

on voit deux taches longitudinales gris foncé, aux contours brouillés (3). Il arrive parfois que le Coucou vienne pondre subrepticement dans le nid de la Fauvette grisette, qui élève alors ces petits intrus, plutôt que ses propres enfants. Cette espèce ne tente pas d'écarter l'ennemi supposé, en feignant d'avoir l'aile cassée, si l'on s'approche du nid ou des petits qui courent autour (la Fauvette des jardins ne le fait pas non plus).

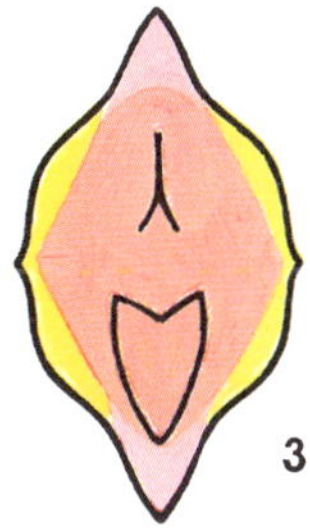

3

Si, dans un fouillis de buissons épineux, on entrevoit un oiseau de la taille d'un bruant, avec le dessous barré de croissants très nets, il ne peut s'agir que d'une Fauvette épervière. Elle rappelle également l'épervier par ses yeux jaunes, très clairs, qui lui donnent une expression extraordinairement féroce. Et en réalité, quand elle a des petits au nid, elle est très belliqueuse et agressive. Elle recherche les terrains ouverts, avec des fourrés épais, les breuils et bandes d'arbustes dans les champs, les berges de cours d'eau envahies de végétation, et l'orée des bois. A la différence de ce que font d'autres fauvettes, telles la babillarde, la grisette, et parfois aussi la Fauvette à tête noire ou la Fauvette des jardins, celle-ci se tient éloignée des habitations humaines. Il est intéressant de noter que l'on trouve assez souvent son nid à proximité d'un nid de Pie-grièche écorcheur, dont les autres oiseaux chanteurs se tiennent d'habitude à distance. Il est situé en un endroit ensoleillé, assez bas au-dessus du sol, et il est nettement plus grand que celui des autres fauvettes. Il est tissé surtout de hampes d'herbages secs, de petites racines, et garni à l'intérieur de poils et de laine végétale. Les parents couvent les quatre ou cinq œufs verdâtres ou jaunâtres tachetés de gris, et cela durant quatorze à quinze jours. Il leur arrive assez souvent de couver des œufs de coucou. Au début de la nidification, la Fauvette épervière est très vite effarouchée, et il lui arrive d'abandonner ses œufs et son nid. Après l'éclosion, les deux parents nourrissent les petits au nid pendant quatorze à seize jours, puis ils rôdent avec eux dans les environs. La Fauvette épervière ne niche pas une deuxième fois dans la même saison, et prend son envol pour l'hivernage au mois d'août. Elle s'en va en Afrique orientale, d'où elle revient au début du mois de mai.

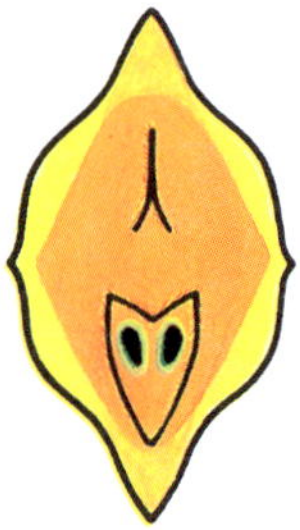

2

L'Épervière se range parmi les grandes fauvettes. Le mâle ressemble, par le coloris de son plumage, au coucou ou à l'épervier. Il a le dos gris ardoise, les flancs et tout le ventre clair, avec des barres grises onduleuses (1). La femelle se différencie du mâle par son dos plus brun, des barres transversales moins marquées; les jeunes ressemblent aux femelles, mais chez eux le ventre est presque dépourvu de barres. Leurs yeux sont sombres. Tant que les petits sont encore au nid, on les reconnaît à

1

l'intérieur de leur bec, de couleur orange et bordé de jaune avec deux taches longitudinales sur la langue, en gris foncé, mais aux bords brouillés (2). Ils ont des pattes gris foncé (se distinguant ainsi des petits de la Pie-grièche écorcheur qui ont les pattes claires, jusqu'à leur sortie du nid). Le chant du mâle de la Fauvette épervière ressemble à celui de la Fauvette des jardins, mais il est plus bref et se prolonge parfois en «errrr».

La Fauvette épervière habite l'Europe centrale et orientale, et en Asie elle atteint la Mongolie (3).

3

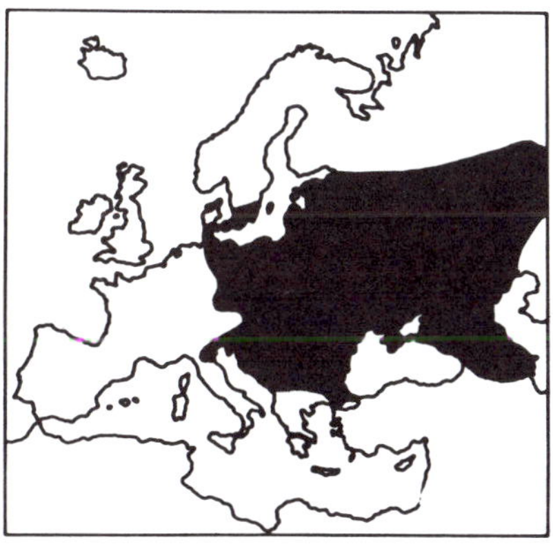

Pouillot véloce Sylvidés
Phylloscopus collybita *Sylviidae*

Tout au début du printemps, ordinairement en mars, on peut entendre, venant de la cime d'un arbre, un chant d'oiseau continu, répétant des sons tels des «tsilp, tsalp, tsilp, tsalp». C'est le Pouillot véloce qui attire ainsi l'attention, en revenant de son hivernage en Europe du Sud ou en Afrique du Nord. C'est le moment où il s'installe dans les bois et boqueteaux à végétation touffue, mais aussi dans les grands parcs et les cimetières. La femelle bâtit seule le nid, pond ses œufs dans un lit douillet de petites plumes, et les couve seule pendant douze à quatorze jours. Ce sont de petits œufs blancs, finement tachetés de brun-rouge, au nombre de cinq à sept. La femelle s'occupe seule également du nourrissage des petits au nid, et les alimente presque exclusivement d'insectes. Quand les petits de la première couvée ont acquis leur indépendance, les parents nidifient en général une seconde fois. Au cours des mois de septembre et octobre, les Pouillots migrent vers le sud, mais l'on connaît des tentatives isolées de passer l'hiver en Europe centrale. Le Pouillot véloce est une espèce européenne, avec une lointaine extension juqu'en Asie, et elle est présente également dans les régions du nord-est de l'Afrique.

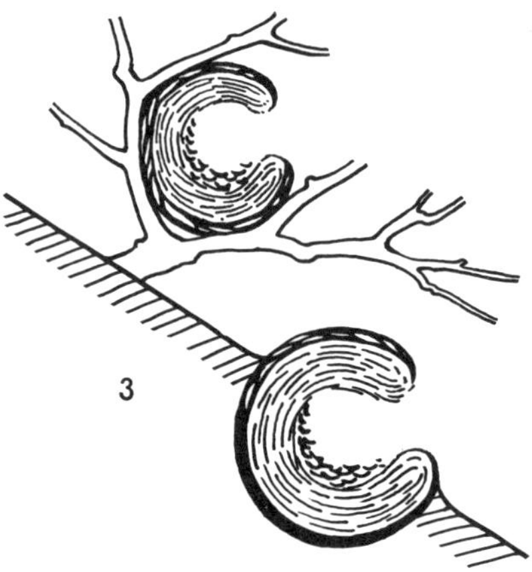
3

Le Pouillot véloce est un oiseau assez terne, et svelte (il pèse de sept à neuf grammes); son plumage est gris-vert sur le dos et blanc sale en dessous; il a les pattes sombres, brun noirâtre (1). Le mâle, la femelle et les petits capables de voler sont très semblables quant au coloris. C'est à la disposition de l'aile que l'on reconnaîtra le mieux le Pouillot véloce: la sixième rémige apparaît au sommet de l'aile, la deuxième est plus courte ou pareille, rarement et à peine plus longue que la septième; la première rémige est nettement plus longue que les plumes de couverture (2).

2

Les jeunes encore au nid, mais arrivant à maturité, ont déjà les pattes sombres, presque noires; à la différence du Pouillot fitis, ils sont nourris uniquement par la femelle, tandis que le mâle chante régulièrement à proximité du nid.

Le nid est sphérique, avec une entrée latérale située vers le haut. Il est tissé d'herbes sèches, de feuilles et de lanières de liber, et posé à même le sol ou accroché très bas dans les branches, soit dans des buissons d'airelles ou de myrtilles, un épicéa nain ou un buisson épais (3).

Pouillot fitis Sylvidés
Phylloscopus trochilus *Sylviidae*

Le Pouillot fitis est, peut-on dire, un habitant de l'Europe entière, quoique sa répartition, en comparaison avec les espèces précédentes, puisse être encore poussée un peu plus vers le Nord. En Asie, il s'étend jusqu'en Sibérie. Il habite les mêmes lieux que le Pouillot véloce, mais il a tendance à donner davantage la préférence aux endroits ensoleillés, il s'installe aussi dans les vieux jardins et les parcs des villes. C'est la femelle seule qui couve durant treize à quinze jours les cinq à sept œufs blanchâtres semés de minuscules taches rousses. Son compagnon l'aide cependant ensuite à nourrir les petits au nid durant quatorze à dix-sept jours, et encore au-delà, quand ils l'ont quitté. Au moment du nourrissage, il est rare d'entendre le mâle chanter. Les parents n'entreprennent pas de deuxième couvée lorsque les petits de la première ont acquis leur indépendance. L'alimentation du Pouillot fitis, comme celle des autres pouillots, se compose de divers insectes et leurs larves, cocons, petites araignées. L'oiseau les cueille sur les feuilles et les fins rameaux des arbres et arbustes, souvent il les capte en dessous d'une feuille, et alors on le voit agiter les ailes sur place en dessous du feuillage. Le Pouillot gobe aussi des insectes en plein vol, et capture adroitement ceux qui se sont pris dans une toile d'araignée. L'automne venu, en septembre ou octobre, le Pouillot fitis s'envole vers l'Afrique centrale et australe. Certains hivernent aussi en Asie occidentale et en Arabie. Ils nous reviennent dans le courant du mois d'avril.

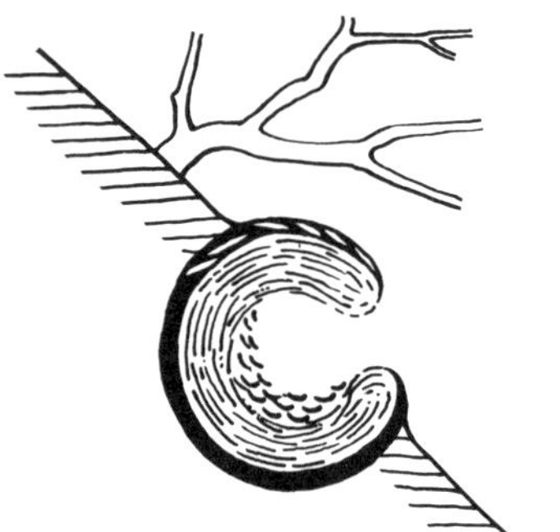

3

Il est assez difficile de distinguer un Pouillot fitis d'un Pouillot véloce. Ils sont tous deux du même coloris, mais peut-être le fitis a-t-il un sourcil plus marqué, et les pattes plus claires (1). Ces différences ne suffisent en général pas pour une exacte détermination, le mieux est de se fier au chant pour reconnaître un Pouillot fitis dans la nature. Le chant du fitis est plus ou moins semblable à celui du Pinson, mais il est plus doux, plus lent, et paraît plus triste. Les sons deviennent toujours plus bas vers la fin.

Pour la détermination à la main, on observera les rémiges et leur longueur: la pointe la plus longue de l'aile est formée par les rémiges trois, quatre et cinq: la deuxième est approximativement de la même longueur que la sixième, et la première est nettement plus longue que les plumes de couverture (2).

Le nid sphérique, à entrée latérale (3), est toujours au sol, ordinairement sur une pente douce et habilement dissimulé dans les herbages. C'est la femelle qui le bâtit, avec des feuilles d'arbres, des herbes et des bribes de mousse; elle en garnit le creux de plumes et parfois y ajoute des poils.

2

1

Pouillot siffleur — Sylvidés
Phylloscopus sibilatrix — *Sylviidae*

Etant donné que tous les pouillots ont en général un chant caractéristique et bien personnel, c'est encore par le moyen de l'écoute que nous reconnaîtrons le mieux un Pouillot siffleur dans la nature. Son chant se compose d'une série de notes, d'égale hauteur, lancées de plus en plus vite, que nous percevons comme des «sip, sip, sip» s'accélérant en trille pour se terminer en «sirrrr». Le mâle chante assez souvent, tout en exécutant un vol nuptial plané, qui le fait passer d'un arbre à l'autre. Il vit dans les grands bois d'arbres à feuilles caduques, et plus rarement dans les bois de résineux. Il affectionne particulièrement les hêtraies. La femelle bâtit seule le nid, qu'elle situe toujours au sol. C'est une construction en forme de niche avec un trou d'envol latéral, comme tous les nids de pouillots. Elle l'installe le plus souvent dans des endroits à végétation rare ou sans végétation du tout, et pourtant ce nid est très difficile à découvrir, car il est parfaitement dissimulé sous des feuilles sèches ou de l'herbe. C'est encore seule que la femelle couvera ses cinq à sept œufs blancs avec d'assez grandes taches de brun foncé et de gris. Au bout de treize jours, les petits pouillots sortent de l'œuf, et alors les parents en prennent soin au nid pendant douze à treize jours, puis en dehors du nid, ils leur apprennent durant un certain temps à vivre de façon indépendante. Les couples n'élèvent qu'une seule couvée par saison, en mai ou en juin; entre le mois d'août et le mois de septembre, ils entreprennent leur migration vers l'Afrique équatoriale. Le Pouillot siffleur est une espèce européenne, il habite presque tout le continent, sauf la péninsule ibérique et la moitié nord de la Scandinavie. Il nous revient en avril ou en mai.

3

Le Pouillot siffleur est le plus grand de tous les pouillots. Il se distingue des autres pouillots par sa gorge et sa poitrine jaune soufre, et un large sourcil jaune. Il a le ventre blanc, le dessus du corps jaune verdâtre, les pattes claires (1). Les deux partenaires sont identiques quant au coloris, les jeunes ont des couleurs plus ternes. Outre le caractère distinctif de son chant, le Pouillot siffleur est également défini par la disposition des rémiges: la deuxième est plus longue que la cinquième, et la première est nettement plus courte que les plumes de couverture (2).

1

2

Le territoire de nidification du siffleur est d'habitude plus grand que celui des autres pouillots, et s'étend à quelque soixante ou quatre-vingt mètres du nid. On reconnaîtra le nid du siffleur (3) au fait qu'il n'est jamais garni en son creux de plumes, comme c'est le cas pour le nid du Pouillot véloce ou du Pouillot fitis.

Roitelet huppé

Regulus regulus

Roitelets

Regulidae

Le fluet «sit, sit, sit» que l'on entend souvent, même en hiver, dans les forêts de résineux, c'est l'appel du roitelet. Le chant du Roitelet huppé peut assez facilement se distinguer de celui de Roitelet triple-bandeau. Les diverses notes alternent à des hauteurs différentes, et tout le chant sonne comme ce que nous pourrions transcrire en «tsi tsi doui tsi tsi doui».

Le Roitelet huppé semble être, avec son apparenté le Roitelet triple-bandeau, le plus minuscule des oiseaux chanteurs (le Colibri, encore plus petit, n'est pas classé parmi les chanteurs). Le Roitelet huppé ne pèse que cinq à six grammes. Il vit dans les bois de résineux à prédominance d'épicéas et de sapins, et c'est exclusivement sur ces arbres qu'il installe son nid. Celui-ci est toujours placé très haut, entre quatre et douze mètres, et il est si bien camouflé qu'il est impossible de le voir du sol. Ce sont les deux partenaires qui le bâtissent ensemble, en utilisant surtout de la mousse, de fines brindilles, des fibres végétales, des poils d'animaux et des plumes. Lors de la première nidification, vers la fin du mois d'avril ou en mai, la femelle y pond huit à onze œufs jaunâtres, couverts de taches délayées de brun clair; pour la deuxième nidification, le nombre d'œufs pondus est plus réduit. C'est la femelle qui couve toute seule, et cela pendant quinze à dix-sept jours, ensuite les parents nourrissent au nid leurs petits durant seize à dix-huit jours. Ils leur apportent des insectes, des œufs d'insectes et des larves, des pucerons et des araignées. Ils collectent la nourriture à la manière des mésanges, en passant soigneusement en revue une brindille après l'autre. Le Roitelet huppé est présent, avec quelques races, dans l'Europe entière, en Asie centrale et septentrionale, ainsi qu'en Amérique du Nord. C'est une espèce partiellement migratrice; les oiseaux nordiques entreprennent, en automne et en hiver, diverses longues randonnées en direction du sud. Celles-ci débutent en gros vers le mois d'octobre, et les oiseaux reviennent sur leurs lieux de nidification au cours des mois d'avril et de mai.

2 ♀

La partie supérieure du corps est vert-olive, le dessous d'un blanc-vert mat. Les ailes sont noir-brun avec deux bandes blanches. Le mâle a un cimier jaune-orangé, bordé de noir (1), la femelle a le sommet de la tête jaune pâle (2). Les jeunes sont

1 ♂

3

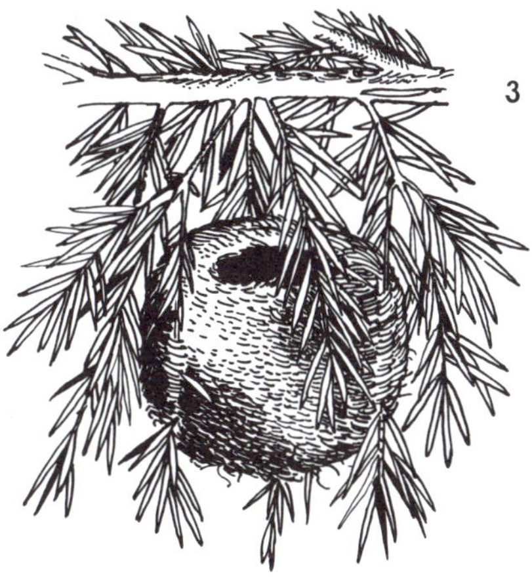

dépourvus de cette ornementation du crâne, chez eux la tête a la même couleur que le dos, soit vert olive. Le bec est mince et court, les narines recouvertes d'une petite plume.

Le nid du Roitelet huppé, par rapport à la taille de l'oiseau, est une construction énorme, suspendue en dessous d'une forte ramure latérale de sapin ou d'épicéa, si bien que les côtés du nid sont entrelacés dans les brindilles et aiguilles verticales (3).

Roitelet triple-bandeau
Regulus ignicapillus

Le Roitelet triple-bandeau est lui aussi un tout petit oiseau remuant, comme le Roitelet huppé. Il habite les mêmes milieux, soit les forêts de résineux à prédominance d'épicéas et de sapins. Il tisse son nid de la même façon, sous une branche latérale d'épicéa ou de sapin. Le matériau employé est surtout de la mousse, le bord supérieur du nid est rétréci et fortement replié en dedans, ce qui est une adaptation pour empêcher que ne tombe du nid, soit les œufs, soit les petits, au cas où le vent agiterait fortement les hautes branches. Ceci est vrai également pour le nid du Roitelet huppé. C'est donc un nid sphérique, avec l'ouverture en haut. La femelle y pond huit à dix œufs qui ont des nuances plus rougeâtres que ceux de leur apparenté. Dans tous les cas, les œufs de roitelet sont les plus petits parmi les œufs de chanteurs européens: ils pèsent en moyenne 0,72 gramme et mesurent 13,5 × 10,5 mm. Une couvée de dix œufs ne pèse donc que 7,2 grammes, soit 144 % du poids de la femelle. On se demande certes où elle prend tant de matière vitale pour créer en dix à onze jours plus de masse vivante que ce qu'elle pèse elle-même, et cela, deux fois par an! C'est la femelle qui couve seule, son compagnon l'aide ensuite dans l'élevage des petits. Les populations d'Europe centrale de Roitelet triple-bandeau sont migratrices, elles reviennent de mars à avril et en repartent en octobre. Elles hivernent dans les régions méditerranéennes.

Le Roitelet triple-bandeau ressemble fort au Roitelet huppé, mais il est nettement plus bariolé. Au-dessus de l'œil s'étire un bandeau noir surmonté d'un sourcil blanc. Chez le mâle, le sommet de la tête est d'un rouge-orangé vif, avec une bordure noire qui se rejoint sur le front. Ses épaules ont des reflets orange (1). La femelle se distingue du mâle par son occiput jaune (2); les jeunes sont dépourvus de dessin sur la tête, mais le sourcil blanc est déjà indiqué.

4 ♂

Le chant du Roitelet triple-bandeau n'est pas aussi riche que celui du Roitelet huppé, et on peut très bien l'apprendre. C'est une suite de notes fines, sur un même ton élevé, qui sonnent comme «sissississsisssi».

L'aire géographique de la répartition du Roitelet triple-bandeau est moins étendue que celle du Roitelet huppé: l'Europe (excepté la Scandinavie), l'Asie

Mineure et une partie du nord-ouest de l'Afrique (3). Un autre roitelet, *Regulus calendula,* vit en Amérique du Nord. Le mâle de cette espèce a le sommet de la tête rouge (4). D'autre part, l'oiseau se distingue par un anneau blanc autour de l'œil ce qui donne l'impression d'un œil particulièrement grand.

3

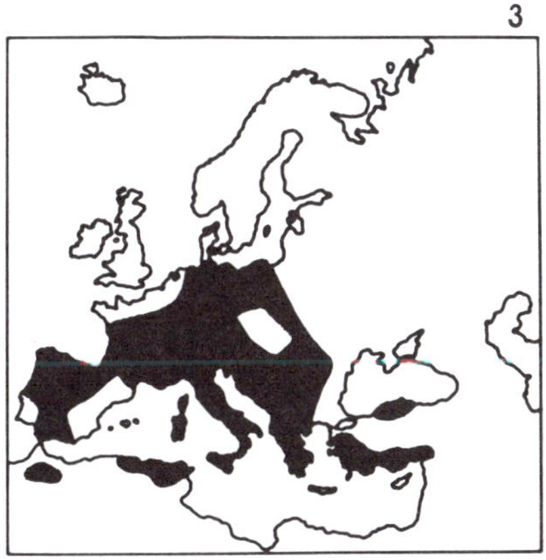

Gobe-mouches gris
Muscicapa striata

Dans les parcs, les jardins, les allées bordées d'arbres, à l'orée d'un bois, voire en plein centre d'une ville ou d'un village, on peut voir ce petit oiseau gris, constamment posé en une typique position droite et tendue, sur une branche sèche, un fil ou un poteau télégraphique, un piquet de palissade. De ce poste d'affût, à tout instant il s'élance verticalement pour capturer un insecte au vol, et revient au même endroit en tenant sa proie. C'est le Gobe-mouches gris, un oiseau qui habite l'Europe entière, l'Afrique du nord-ouest et le sud-ouest de l'Asie. Il regagne ses lieux de nidification à la fin du mois d'avril et en mai. Il établit son nid dans un creux ou un trou d'arbre, une fente de mur ou de rocher, ou carrément sur une forte branche ou une poutre de bâtiment. C'est une construction solide, faite de tiges, radicelles, mousses et divers bouts de chiffons récoltés quelque part auprès des maisons; le creux en est garni de crins, de poils ou de plumes. Le plus souvent, c'est la femelle seule qui couve ses quatre à six œufs bleuâtres ou verdâtres couverts de taches grises ou rougeâtres, mais parfois son compagnon la remplace. Les petits gobe-mouches éclosent au bout de douze à quatorze jours et quittent le nid treize à quatorze jours après leur naissance. Certains couples nichent une deuxième fois en juin ou dans les premiers jours de juillet, et réutilisent alors souvent le même nid. Souvent, parmi leurs propres œufs, se trouvent les intrus que sont les œufs de coucou, et le petit gobe-mouches les couve. Le Gobe-mouches gris s'envole vers ses lieux d'hivernage dès le mois d'août, ou en septembre. Il va très loin en Afrique, depuis le nord du continent jusqu'au cap de Bonne-Espérance.

2

Le Gobe-mouches gris a le dos brun cendré, le dessous du corps plus clair, blanc grisâtre, des taches en forme de rayures plus foncées sur la tête, le cou et la poitrine (1). Le mâle et la femelle sont identiques. Les jeunes, avant leur première mue, ont le dos et le dessous aux taches plus marquées. Les pattes du Gobe-mouches gris, comme celles des autres gobe-mouches d'ailleurs, sont courtes et faibles, elles ne semblent servir qu'à se poser et non à se déplacer.

1

Par contre, les gobe-mouches sont admirablement adaptés au vol, et c'est au vol qu'ils capturent leurs proies (2). Pour cela, ils ont un bec bien adapté, aplati, élargi à la base et prolongé par de longues vibrisses qui poussent sur la mandibule supérieure.

Le chant du Gobe-mouches gris est assez terne, très doux, il échappe facilement à l'attention.

Gobe-mouches noir
Ficedula hypoleuca

Le Gobe-mouches noir vit sur un territoire très étendu, allant des côtes de l'Afrique du Nord à travers toute l'Europe et l'Asie occidentale, jusqu'à l'Altaï. Pourtant il est absent de certains endroits d'Europe occidentale, surtout méridionale. Son passage migratoire d'avril à mai est très remarqué, car en quelques jours le Gobe-mouches noir apparaît en bandes extrêmement nombreuses dans les bois, les parcs et les jardins. Le passage de migration d'automne, au contraire, passe presque inaperçu, d'août à septembre, quand cet oiseau regagne ses lieux d'hivernage d'Afrique du Nord et d'Afrique centrale. Le Gobe-mouches noir ne nidifie qu'une fois l'an, et le fait volontiers dans les vieilles forêts, mais aussi dans les parcs et jardins, rarement dans les bois de résineux. Le nid, fait presque exclusivement d'herbes sèches, de fines radicelles et de lanières de liber, est installé dans un creux d'arbre, ou dans un nichoir offert par l'homme. C'est le mâle qui choisit le trou où se fera le nid, mais il en laisse le soin à la femelle, et c'est elle seule également qui couvera. Elle pond 5 à 8 œufs bleu-vert, qui donneront le jour aux jeunes, au bout de 13 à 15 jours, et alors les deux parents se partageront la tâche de les nourrir au nid durant 13 à 16 jours. Ils leur apportent surtout des insectes volants et des chenilles. Un phénomène intéressant est le croisement de deux espèces de gobe-mouches, le Noir et le Gobe-mouches à collier, qui donnent un spécimen noir et blanc, dans les endroits où les deux espèces cohabitent; surtout lorsque se présentent des Gobe-mouches à collier, là où vit déjà une colonie nombreuse de Gobe-mouches noirs, ou le contraire. Dans la nature, ces croisements entre espèces différentes sont un phénomène très rare.

3 ♀

Le plumage nuptial du Gobe-mouches noir est, pour la plupart, nettement noir et blanc (1). Le mot «pour la plupart» est employé ici intentionnellement. Car le fait ne compte pas pour les oiseaux d'Europe centrale (partie nord de la RFA, de la RDA, de la Tchécoslovaquie et de la Pologne), où vivent des mâles dont le dos est plus ou moins gris-brun (2), ce qui les

1 ♂

fait davantage ressembler aux femelles. Dans la nature, il est souvent difficile de distinguer une femelle de Gobe-mouches noir (éventuellement un mâle gris), d'une femelle de Gobe-mouches à collier. Dans le doute, un bon signe indicateur sera le cri d'alarme: il sonne comme de courts «bit, bit», chez le Gobe-mouches à tête noire, et comme de longs «sîîp, sîîp» chez le Gobe-mouches à collier. Pour la détermination à la main, les signes les plus sûrs sont: un commencement de couleur blanche, formant des taches alaires sur les barbes extérieures des rémiges (partant de la sixième rémige si bien que le miroir alaire blanc est petit), et les différences de longueurs des deuxième et cinquième rémiges. La cinquième est plus longue que la deuxième (cf. ill. 3 p. 99).

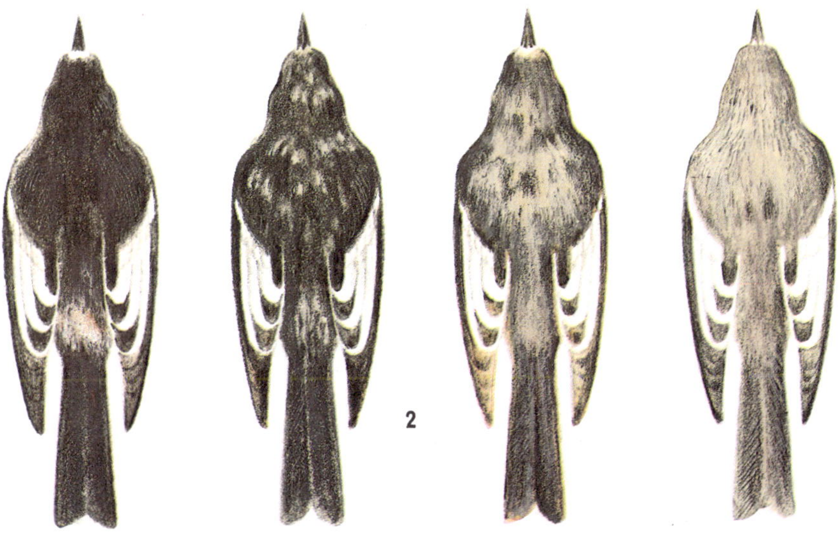

2

Gobe-mouches à collier Gobe-mouches

Ficedula albicollis *Muscicapidae*

De ses lointains lieux d'hivernage en Afrique centrale et occidentale, le Gobe-mouches à collier nous revient à la fin du mois d'avril et au début du mois de mai. Son mode de vie est très proche de celui du Gobe-mouches noir. Il habite les bois clairs à feuilles caduques, mais aussi les parcs, vergers et jardins. Il niche dans les trous d'arbres, mais occupe volontiers les nichoirs mis par l'homme à sa disposition, et l'on peut ainsi l'attirer dans les jardins des villes, tout comme son parent le Gobe-mouches noir. S'il y dispose d'un nichoir, il n'hésitera même pas à emménager dans une forêt de pins. Cette espèce recherche plus la chaleur que le Gobe-mouches noir, et ne vit qu'au centre et au sud-est de l'Europe, ainsi que dans la partie occidentale de l'Asie occidentale. Dans la montagne, elle ne va pas non plus aussi haut que les espèces précédentes. Dès leur retour au pays, le mâle attire une femelle dans le creux qu'il a choisi pour emplacement du nid. Il le fait en chantant et par divers signaux optiques, mouvements autour de l'ouverture de la cavité, en étendant la queue et les ailes, etc. Les territoires de nidification sont réduits à une cinquantaine de mètres autour du trou. La nidification proprement dite est presque identique, dans le détail, à celle du Gobe-mouches noir. Il y a parfois autour du creux un grand nombre d'oiseaux qui chantent, des mâles non appariés. Il arrive que ces derniers, en commun avec d'autres mâles dont le nid a été détruit, collaborent au nourrissage de petits de couples étrangers. La polygamie est un phénomène assez courant, un seul mâle ayant plusieurs femelles. Quand les petits sont sortis du nid, les parents restent encore avec eux un moment tout autour, et plus tard ils s'envolent vers leurs lieux d'hivernage, dès la fin du mois d'août ou au cours du mois de septembre. Ils s'en vont alors en Afrique.

5

Le mâle du Gobe-mouches à collier, dans son plumage nuptial, a l'air d'un fiancé en habit, y compris le col blanc (1). Il se distingue du Gobe-mouches noir précisément par ce col blanc, son croupion blanc et de plus grands miroirs blancs sur les ailes — en fait le blanc commence à la troisième rémige, jusqu'à la cinquième. La deuxième rémige est en général plus longue que la cinquième (2).

Ces deux caractères des rémiges ne sont cependant pas aussi réguliers que chez le Gobe-mouches noir (3). Quand il n'a pas son plumage nuptial, le mâle est en gris-brun comme la femelle (4). Les deux espèces de gobe-mouches noir et blanc se ressemblent aussi dans toute leur attitude et leurs mouvements: le plus caractéristique, c'est leur façon d'ébouriffer la queue et les ailes (souvent une seule, ce qui leur donne un air assez comique), et leur goût pour se poster sur une branche sèche d'où ils prennent leur envol pour capturer un insecte.

Les œufs du Gobe-mouches à collier ressemblent à ceux du Gobe-mouches noir, ils sont d'un beau bleu-vert (5).

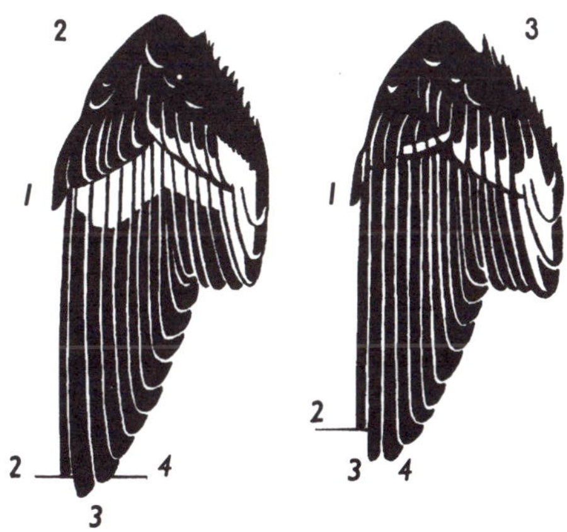

Gobe-mouches nain Gobe-mouches

Ficedula parva *Muscicapidae*

Le Gobe-mouches nain est le plus rare des quatre espèces de Gobe-mouches vivant en Eurasie. Son milieu naturel est formé par les forêts de hêtres des plateaux et des montagnes, mais il niche aussi dans les hêtraies à basse altitude dans les plaines, ainsi que dans les bois de chênes. Le Gobe-mouches nain revient sur ses lieux de nidification au mois de mai, et les mâles précèdent les femelles de quelques jours. Cette espèce a un territoire de nidification nettement plus grand que celui des autres gobe-mouches: il s'étend sur 300 mètres autour du nid. Souvent, chez cette espèce aussi, il y a excédent de mâles sur les femelles, et ceux qui ne nichent pas chantent très intensivement jusqu'à la fin du mois de juin. C'est la femelle qui bâtit le nid, avec des feuilles sèches, de l'herbe, de fines radicelles, parfois aussi de la mousse et des poils. Elle le place le plus souvent dans un simple creux, moins souvent dans un trou profond, et parfois seulement à une enfourchure de fortes branches d'arbre. Elle pond 5 à 7 œufs et elle les couve pendant 13 ou 14 jours. Les jeunes sont nourris de petits insectes, par les deux parents, pendant deux semaines environ. Le Gobe-mouches nain ne niche qu'une fois l'an, à partir de mai, mais plutôt en juin. Quand les jeunes ont quitté le nid, les oiseaux ne restent qu'un temps assez court autour du nid, et dès la fin du mois d'août ou au cours du mois de septembre ils prennent leur envol pour rejoindre leurs lointains lieux d'hivernage, en Inde.

3

Le Gobe-mouches nain ressemble assez au Rouge-gorge. Dans son plumage nuptial, le mâle a également une tache rouge brique sur la gorge et sur la poitrine (1), la femelle est vert olive avec le dessous plus clair (2). Les mâles, en dehors de la saison des amours, ont la même couleur, mais parfois les jeunes âgés de moins de deux ans manquent de tache rousse. Les plumes rectrices sont complètement blanches à la racine, ce qui apparaît le mieux dans leur caractéristique attitude de cri d'alarme. Ils

2 ♀

1 ♂

4

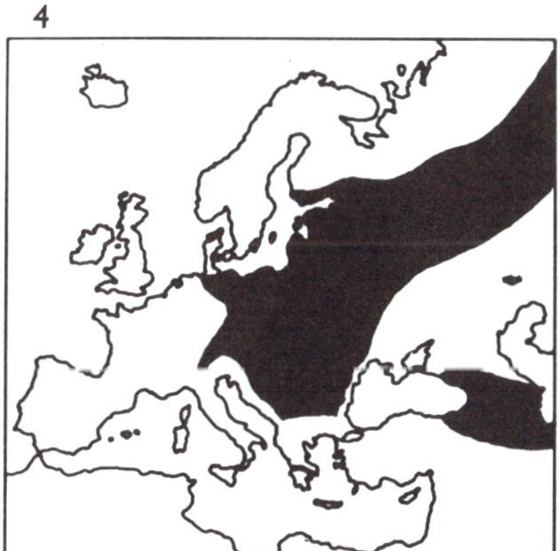

poussent alors un cri typique sur double syllabe «tjidl, tjidl» tout en étalant leur queue en une roue qu'ils se rabattent vers la tête.

Les œufs sont blanchâtres et couverts de petites taches rousses assez serrées (3).

L'habitat du Gobe-mouche nain s'étend de l'Europe centrale jusqu'à l'Oural, et s'en va à l'est jusqu'au Kamtchatka et à l'ile Sakhaline. Le Caucase et l'Himalaya forment des aires de nidification isolées pour cette espèce (4).

Traquet pâtre Turdidés
Saxicola torquata *Turdidae*

Le Traquet pâtre affectionne les versants ensoleillés des coteaux, les pentes rocheuses ou les prairies sèches où croissent de rares boqueteaux broussailleux. Le mâle s'y pose en attitude dressée sur une petite élévation tel le sommet d'un arbuste ou une herbacée plus haute, un tas de cailloux, un poteau de téléphone, etc., et il y lance son chant grinçant qui rapelle quelque peu celui du Rouge-queue noir. Les couples nichent deux fois l'an, la première fois en avril, la deuxième en juin ou en juillet. Le nid est à même le sol, toujours bien dissimulé sous un buisson, une touffe d'herbe ou autres plantes. Ce nid est tissé d'herbes sèches, de petites racines et de mousse, le creux en est garni d'herbes plus fines et de poils, parfois aussi de petites plumes. La femelle y pond 5 ou 6 œufs verdâtres avec de petites taches rousses, et elle les couve seule durant 13 à 15 jours. Les oisillons restent au nid 12 à 14 jours, puis ils le quittent tout en ne sachant pas encore voler. Ils se cachent alors dans les environs. Les deux parents les nourrissent au nid, puis en dehors, ils leur apportent de petits insectes et leurs larves, des araignées et des vers. Ils recherchent cette nourriture au sol ou ils la capturent au vol. Le Traquet pâtre n'est que partiellement un oiseau migrateur. Les populations du sud de l'Europe et d'Afrique sont sédentaires. Pour les autres, la migration de printemps se fait en février et mars, celle d'automne en octobre. Les lieux d'hivernage, selon l'origine des oiseaux, sont soit en Afrique équatoriale et tropicale, soit en Asie Mineure et en Inde.

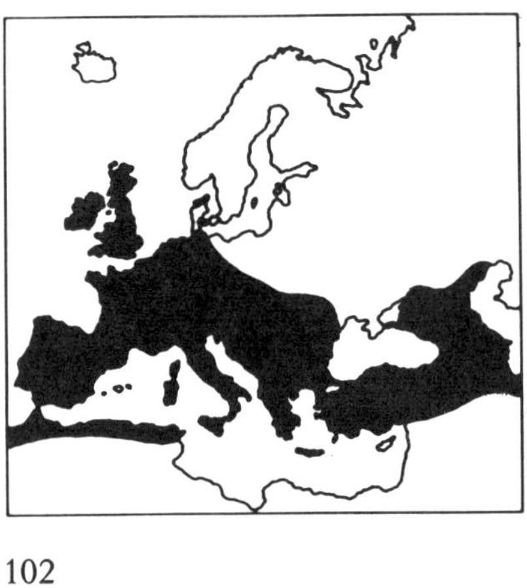

1

Le Traquet pâtre habite l'Europe occidentale, centrale et méridionale, une grande partie de l'Asie, ainsi que les régions du nord-ouest et du sud de l'Afrique (1). C'est un oiseau aux couleurs assez vives, plus petit qu'un moineau. Le mâle a une tête noire sur laquelle

contraste la grande tache blanche du cou et sa poitrine d'un roux vif. Le dos et les ailes sont brun-noir. Il y a une autre tache blanche sur l'aile, et le croupion est clair (2). La femelle est, en gros, de la même couleur, mais le noir, chez elle, est remplacé par du brun, la tête et la gorge sont tachetées de noir (3). Les rectrices des deux sexes sont unicolores, en brun foncé tirant sur le noir. Les jeunes sont d'un coloris plus mat, et ont des traits noirs sur le dos et la poitrine.

Traquet tarier Turdidés
Saxicola rubetra *Turdidae*

Le Traquet tarier est typiquement un oiseau migrateur, qui revient sur ses lieux de nidification d'avril à mai, et s'installe au bord des champs, des chemins de terre, dans les prairies à buissons dispersés et quelques arbres, mais aussi dans les tourbières et les prés de montagne. On peut voir voleter les oiseaux adultes, dans les limites de leur territoire, d'un faîte de buisson à un autre, ou se poser sur une herbe plus haute que les autres. Le Traquet installe toujours son nid au sol, ordinairement dans un renfoncement, une ornière creusée entre des végétations touffues, si bien qu'il est assez difficile de le découvrir. Ce nid est fait de brins et feuilles d'herbes sèches, de fibres végétales et parfois aussi d'un peu de mousse, la garniture du creux n'est en général faite que de fines herbes, et contrairement au nid du Traquet pâtre, chez celui-ci il manque de poils dans ce creux. La femelle pond 5 à 6 œufs et les couve, sans être aidée par son compagnon, durant 12 à 14 jours. Ce n'est qu'une fois l'éclosion achevée que le mâle l'aide à élever les petits. Ceux-ci quittent le nid au bout de 12 jours, sans être encore capables de voler. Un abandon prématuré du nid est général chez tous les turdidés qui nichent au sol, donc aussi chez notre Traquet tarier. Il en va de même en général pour ceux qui nichent à très petite hauteur. Comme le nid bas est à portée de nombreux prédateurs, la dispersion des petits tout autour réduit les probabilités de destruction d'une famille entière. Dans le pire des cas, le prédateur n'emportera comme proie qu'un jeune isolé, et ne détruira pas toute la couvée, comme cela pourrait arriver si tous les oisillons étaient au creux du nid. Il s'agit donc d'une mesure de protection. En une saison, un couple de Traquets tariers ne niche qu'une seule fois. Dès la fin du mois d'août et en septembre, il prend son envol vers ses lieux d'hivernage, en Afrique tropicale.

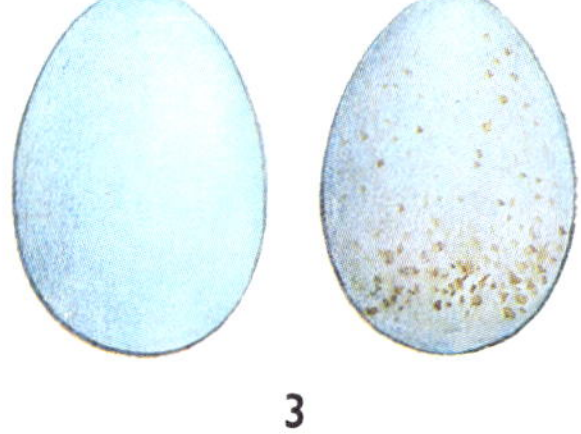

3

Le Traquet tarier est un peu plus terne que le Traquet pâtre. Il a le dos et le dessus de la tête tachetés de brun, le dessous est roussâtre, sur l'épaule une grande tache blanche, les plumes rectrices extérieures sont blanches à la racine (1). La femelle est nettement plus claire, mais la tache blanche de l'épaule n'est qu'indiquée (2).

Les jeunes sont tachetés sur le dos et la poitrine. Le meilleur signe de reconnaissance est le large sourcil clair, présent chez le mâle, la femelle et les jeunes.

Les œufs sont d'un joli bleu-vert, parfois finement pointillés de brun-rouge (3).

2 ♀

1 ♂

4

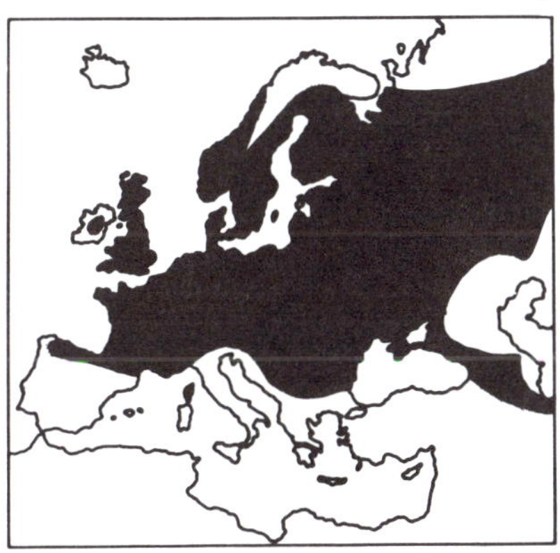

Le Traquet tarier est un habitant d'une grande partie de l'Europe — en gros, du cercle polaire arctique aux régions nord de la péninsule ibérique, de l'Italie et des Balkans. Il vit en outre dans une grande partie de l'Asie (4).

Rouge-queue à front blanc
Phoenicurus phoenicurus

Turdidés
Turdidae

Si nous suspendons un nichoir quelque part dans un bois clair, à feuilles caduques, ou une forêt mixte, voire un bois de pins, un parc, un jardin, nous pouvons avoir le plaisir d'y voir élire domicile l'un des oiseaux chanteurs les plus bariolés, le Rouge-queue à front blanc. Il s'installe évidemment aussi dans les trous naturels d'arbres, et ne répugne pas à l'un ou l'autre creux dans une construction humaine. Le Rouge-queue à front blanc nous revient de ses lointains hivernages en Afrique tropicale, au mois d'avril et aussitôt il se met à attirer l'attention par tout son comportement alerte, de brusques replis et tressautements de sa queue rousse, accompagnés d'un chant grinçant lancé d'un endroit surélevé. Au bout d'un certain temps d'un tel manège, le mâle occupe le trou que la femelle garnit alors de feuilles d'arbres, de brins et de feuilles d'herbes, de racines fines, de poils d'animaux et de plumes. Un trait caractéristique du nid de Rouge-queue à front blanc, c'est la mousse verte tissée autour du bord supérieur. Bientôt apparaissent dans ce nid 5 à 7 petits œufs que la femelle couve seule durant 13 ou 14 jours. Les deux parents nourrissent les petits, après l'éclosion, durant deux semaines au nid. La nourriture se compose surtout d'insectes, de leurs larves et cocons. Tout cela se répète une fois encore au cours de l'été, pour une deuxième nidification. Il arrive assez souvent que le Rouge-queue à front blanc héberge et élève des jeunes coucous. En septembre et octobre, les Rouges-queues entreprennent leur longue migration vers le Sud. Le Rouge-queue à front blanc est répandu dans toute l'Europe et une grande partie de l'Asie, mais il atteint aussi l'Afrique du Nord.

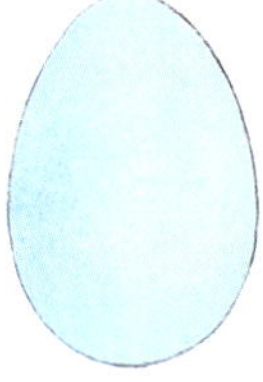

4

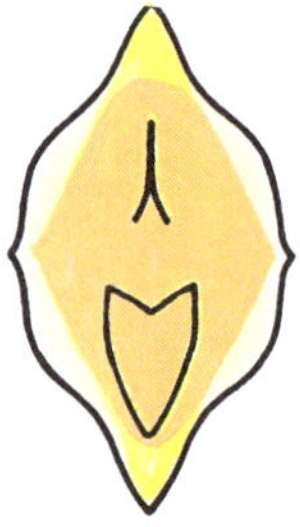

5

Le mâle, dans son plumage nuptial, est une merveille. Il a le front blanc, la gorge et les joues noires, la poitrine d'un roux très vif, ainsi que le croupion et la queue, tandis que son ventre est blanc et son dos gris-bleu (1). La femelle est plus ou moins d'une seule couleur, en gris-brun avec le ventre roussâtre, mais elle a aussi le croupion et la queue rousse (2). Les jeunes sont tachetés sur la poitrine et le dos. On peut cependant les confondre avec le Rouge-queue noir sorti du nid.

On les reconnaîtra plus sûrement aux proportions des rémiges. Chez le Rouge-queue à front blanc, la deuxième rémige est de la même dimension ou plus longue que la sixième, la troisième et la quatrième sont les plus longues; les barbes extérieures sont plus étroites de la troisième à la cinquième rémige (3). Ceci vaut également pour les adultes, naturellement. Un signe distinctif très clair est le cri d'alarme du Rouge-queue à front blanc, qui sonne comme «fouid-tek — tek».

Les œufs sont d'un bleu-vert clair (4), les oisillons ont l'intérieur du bec ocre sale, aux bords plus clairs (5).

Rouge-queue noir

Phoenicurus ochruros

Turdidés
Turdidae

Dès le mois de mars, le Rouge-queue noir nous revient de sa migration d'hiver. Il attire aussitôt l'attention par son chant peu musical, haché, lancé du faîte d'un toit. La plupart des gens le connaissent en tant qu'oiseau des villes et des villages, mais peu d'entre eux savent que le Rouge-queue noir était, à l'origine, un oiseau des montagnes rocheuses, qui n'a emménagé en ville que beaucoup plus tard. Mais la vie citadine semble lui plaire au point qu'il est beaucoup plus nombreux, de nos jours, dans les villes, que dans son milieu d'origine. Et même les oiseaux montagnards ont une tendance à s'installer et à rester dans les bâtiments et édifices divers. Sous le toit d'une maison, une étable, une écurie, une grange, dans un trou de mur ou un creux d'arbre, la femelle du Rouge-queue noir s'installe un nid fait d'herbes sèches, de feuilles, d'une bonne quantité de plumes et de poils. Elle adopte volontiers un nichoir mis à sa disposition par l'homme. La femelle couve seule ses 5 ou 6 petits œufs d'un blanc pur durant 13 à 14 jours, et son mâle l'aide ensuite à nourrir les petits, après l'éclosion. Ces derniers quittent en général le nid avant de savoir bien voler, à l'âge de 12 à 16 jours, mais ils restent à proximité et les parents continuent longtemps à les nourrir. En une saison, les adultes parviennent à élever deux couvées. La nourriture du Rouge-queue noir est composée d'insectes, araignées, mille-pattes, et à l'automne il mange aussi des baies de sureau, des framboises et fruits divers. En octobre, il prend son vol vers le sud de l'Europe, l'Afrique du Nord-Ouest et vers la vallée du Nil; les populations asiatiques passent l'hiver en Inde et en Arabie. Les populations de l'Europe méridionale et occidentale sont sédentaires.

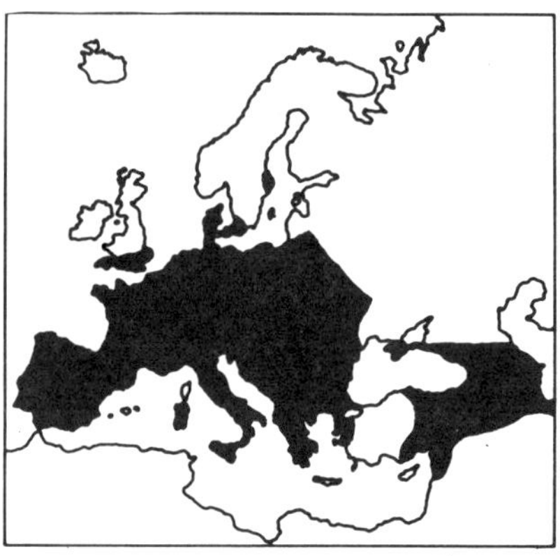

4

Par sa silhouette et ses mouvements, le Rouge-queue noir ressemble au Rouge-queue à front blanc, il est aussi remuant, et agite sans cesse sa queue rousse. N'empêche qu'il est assez aisé de les différencier l'un de l'autre. Le Rouge-queue noir est presque tout entier noirâtre, sauf la tache blanche sur les ailes. C'est vrai pour le mâle (1), la femelle est d'un gris plus clair, sans miroir blanc aux ailes, mais elle a aussi la queue rousse (2). Dans l'ensemble, elle est toujours plus sombre que la femelle du Rouge-queue à front blanc. Les jeunes

ressemblent à la femelle, mais ils sont d'un coloris plus foncé, et leur dos est tacheté d'une façon peu marquée. Chez le Rouge-queue noir, la deuxième rémige est plus courte que la sixième; les troisième, quatrième et cinquième sont à peu près de la même longueur. Les barbes extérieures de rémiges vont se rétrécissant, de la troisième à la sixième rémige (3).

Le Rouge-queue noir a une répartition géographique plus réduite que celle de son parent, le Rouge-queue à front blanc. Il vit en Europe centrale et méridionale, dans une bande allant de l'Asie Mineure jusqu'en Chine, et dans une petite partie de l'Afrique du Nord-Est (4).

Rossignol philomèle
Luscinia megarhynchos

Turdidés
Turdidae

Pour la plupart des gens, le rossignol est le meilleur chanteur de tous les oiseaux. Quoiqu'il chante aussi pendant le jour, c'est surtout son chant nocturne qui impressionne. Nombreux sont ceux qui, l'été venu, s'en vont dans la nature, pendant la nuit, rien que dans l'espoir de l'entendre. Le Rossignol philomèle se rencontre le plus souvent à l'orée des bois de feuillus ou mixtes, dans les parcs et jardins touffus, ou sur les rives de cours d'eau ou d'étangs entourés de broussailles épaisses. Après l'hivernage, il revient en avril ou en mai. Les rossignols arrivent au cours de la nuit, d'abord les mâles qui donnent aussitôt un premier concert, et quelques jours après viennent les femelles, qui s'orientent par l'ouïe sur le chant des mâles. En mai ou en juin, le rossignol installe son nid dans un fourré épais, à même le sol, mais dans une couche de feuilles sèches, ou sur un tas de ramilles, à la rigueur dans une enfourchure de branches basses, mais toujours très bien dissimulé. Ce nid est fait de feuilles sèches, d'herbes, de fibres végétales et de poils d'animaux. Lorsque la ponte des 4 à 6 œufs est achevée, la femelle se met à les couver, et cela dure 13 jours. Les jeunes quittent le nid très tôt, dès leur onzième jour, et se cachent dans les broussailles environnantes. Les deux parents en prennent soin, jusqu'au moment où ils sont capables de voler et de chasser pour se nourrir. A la différence de l'arrivée, le départ vers les hivernages se fait de façon très discrète. La nourriture principale du rossignol se constitue de petits invertébrés cueillis dans les feuilles en putréfaction, mais à la fin de l'été il se régale aussi des fruits de certaines plantes.

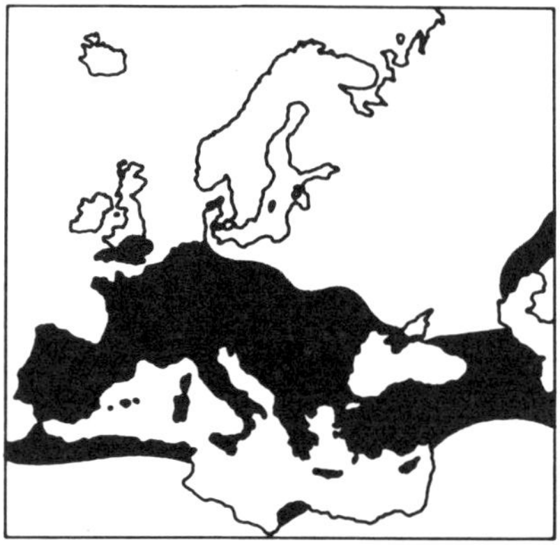

3

On reconnaît le Rossignol philomèle surtout par son chant, mais pas à son aspect. Bien des gens seraient désappointés par son aspect médiocre. Il est d'une seule teinte brune, un peu plus sombre au-dessus, un peu plus clair en dessous, seuls son croupion et sa queue virent vers le roux (1). Les jeunes sont tachetés de brun sur la poitrine et le dos. Si l'on a l'occasion d'en prendre un à la main, un important signe de reconnaissance est fourni par la proportion des rémiges: la première rémige est égale ou plus longue que les plumes de couverture;

la deuxième rémige est plus courte que la quatrième (2). Quant à son chant, quoiqu'on le dise si beau, varié et mélodieux, il faut pourtant souligner que tous les rossignols mâles ne chantent pas de la même façon. Certains sont incontestablement de parfaits chanteurs, mais d'autres chantent plutôt mal. C'est que chez un jeune mâle la voix n'est pas encore bien posée, il lui faut apprendre en écoutant les autres, et la qualité de son chant dépend donc de celle de ses maîtres.

La patrie du Rossignol philomèle se trouve en Europe occidentale, centrale et méridionale, ainsi qu'au nord-ouest de l'Afrique, et en Asie occidentale et centrale (3).

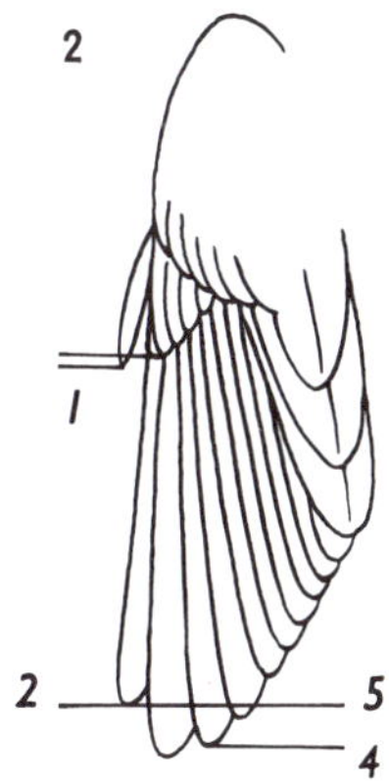

Rossignol progné Turdidés
Luscinia luscinia *Turdidae*

En Europe orientale, le Rossignol progné remplace le Rossignol philomèle. A la frontière de leurs aires géographiques, en Europe centrale et méridionale, les deux espèces se rencontrent ensemble par endroits. Mais le Rossignol progné est répandu profondément en Asie, en gros jusqu'à l'Obi. C'est également un oiseau typiquement migrateur, il quitte ses lieux de nidification au mois d'août et migre jusqu'en Afrique orientale, pour revenir nicher au printemps, d'avril à mai. Lui aussi, il s'installe dans les forêts humides avec un riche sous-bois, dans les vallées au bord des fleuves ou dans les basses terres marécageuses avec des taillis touffus; néanmoins, il hante des endroits plus humides que ceux habituels au Rossignol philomèle. A l'ombre d'un buisson touffu, ordinairement à même le sol ou très peu au-dessus, il construit son nid que les feuillages proches dissimulent parfaitement, le rendant quasi invisible. Des 4 à 6 œufs bruns que la femelle couve seule, les petits éclosent au bout de 13 à 14 jours. Ils restent au nid 11 à 12 jours seulement, et s'éparpillent dans les broussailles proches, alors qu'ils ne sont pas encore capables de voler. A ce moment-là, le mâle aide la femelle à les élever. Les adultes ne nichent pas une seconde fois en l'année; la famille reste unie durant un certain temps, puis petit à petit les oiseaux se préparent à leur grande migration d'automne, vers le sud. Le Rossignol progné est un aussi célèbre chanteur que son parent, le Rossignol philomèle. Un ornithologue averti fera cependant la différence entre leurs chants.

4

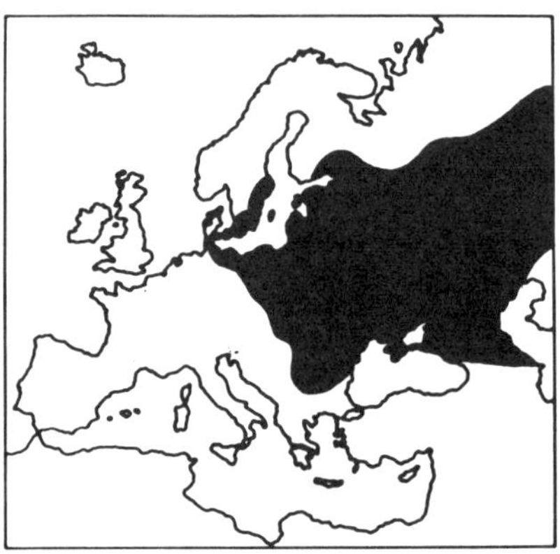

Le Rossignol progné ressemble fort au Rossignol philomèle. Il a le même plumage simple et assez terne, agrémenté seulement de roux à la queue. Le dessus du corps est peut-être un peu plus sombre, sur la gorge et la poitrine ondoient les lignes brunes transversales, ce qui est un important signe distinctif (1). Le rapport dans la longueur des rémiges, dans l'aile, est à l'inverse de celui du Rossignol philomèle: la première rémige est nettement plus courte que la plume de couverture, en outre elle est très étroite et se termine en pointe; la deuxième rémige est égale ou éventuellement un peu plus

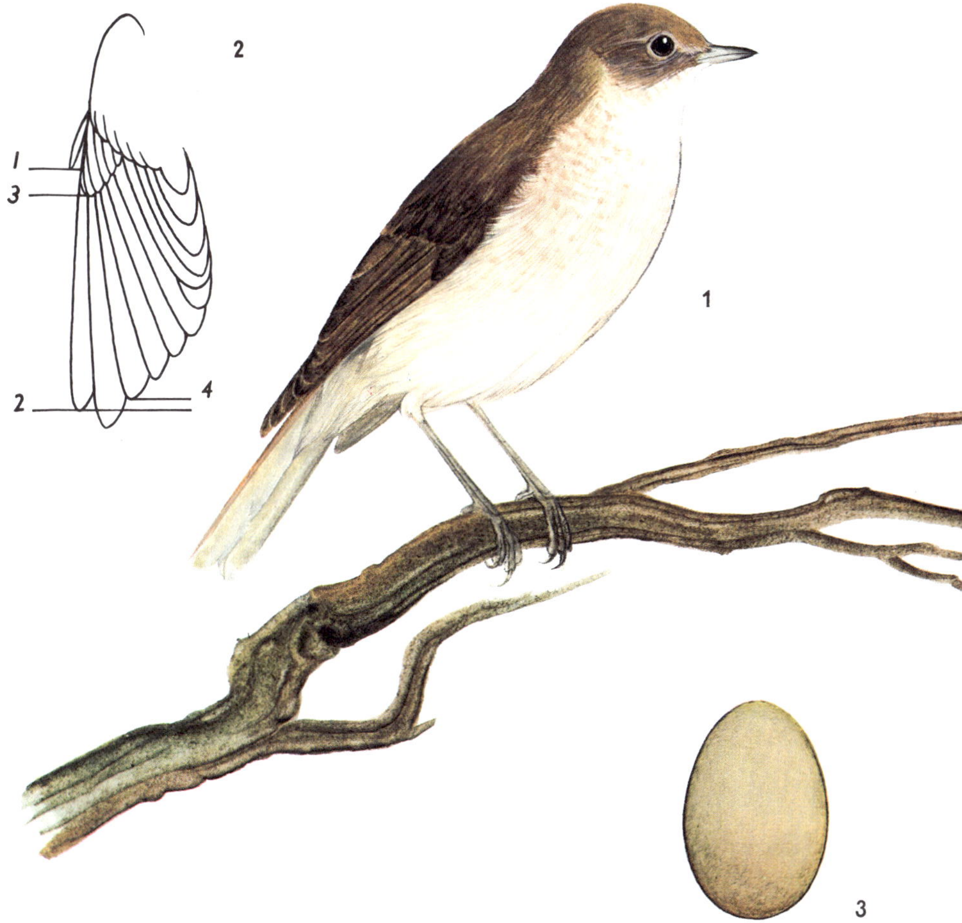

longue que la quatrième (2). Un caractère important, chez les rossignols, c'est aussi leur grand œil brun, qui indique leur mode de vie nocturne, leur permettant de rechercher leur nourriture dans la pénombre épaisse des sous-bois touffus. Il est intéressant de noter que, pour chanter, le rossignol ne recherche pas, d'habitude, un promontoire, comme le font la plupart des oiseaux chanteurs. Au contraire, pour lancer ses roulades il est souvent tapi quelque part dans les branchages ou sur une souche, à l'abri d'un buisson.

Les œufs des rossignols sont très peu apparents (3).

La répartition géographique du Rossignol progné est représentée sur la carte (4).

Gorge-bleue
Luscinia svecica

Turdidés
Turdidae

La Gorge-bleue habite surtout la toundra septentrionale, mais on la trouve aussi dans les régions marécageuses, le bord des eaux où poussent des roseaux, des herbes folles, ainsi que dans les valées inondables. Mais en Europe centrale, occidentale et méridionale, elle ne niche que par endroits. On a plus de chance de la rencontrer lors de sa migration de printemps ou d'automne, quand les oiseaux suivent en général le cours de fleuves, le bord des étangs, voire les petits ruisseaux et canaux d'irrigation. La migration d'automne se fait en août et septembre, la printanière a lieu en mars et avril. Le retour de la Gorgebleue se fait avec une telle régularité que l'on peut la prévoir à une dizaine de jours près. Avec un peu de chance, on découvrira d'avril à juillet son nid très bien caché. Il est, d'ordinaire, blotti dans un trou du sol protégé par des plantes, et fait de feuilles d'arbres, de brins et de feuilles d'herbe, de mousse et de radicelles. Il contient 5 à 6 œufs bruns ou gris-vert, saupoudrés de petites taches brunes. Les petites Gorges-bleues naissent au bout de 12 à 14 jours de couvaison, et leur élévage au nid dure à peu près autant de temps. Les deux parents les nourrissent d'insectes et de leurs larves, de vers, d'araignées, et petits invertébrés qui constituent également la basse de la nourriture des adultes. A l'automne, au moment où les Gorges-bleues exécutent leur migration vers l'Afrique du Nord ou du Nord-Est, elles croquent par-ci par-là divers fruits et baies qu'elles trouvent sur les arbres et arbustes.

1 ♂

4

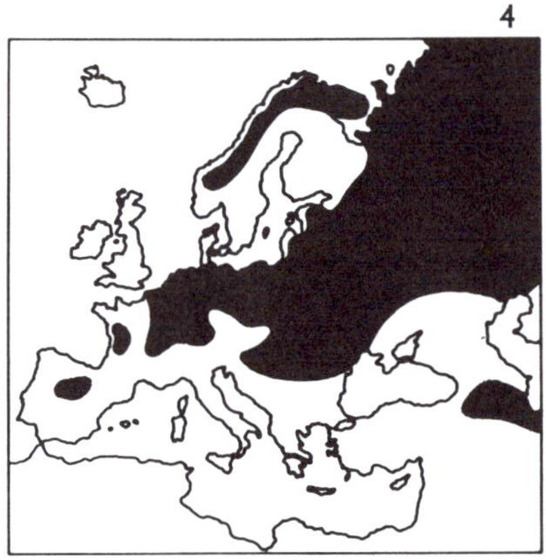

Par sa forme et son allure, la Gorge-bleue rappelle le Rouge-gorge. Cependant, elle est plus bariolée, et d'après sa coloration on distingue deux sous-espèces: la *Luscinia svecica svecica* est une sous-espèce d'Europe du Nord — en plumage nuptial le mâle a un plastron bleu, avec une tache rousse au centre (1); l'autre sous-espèce, *Luscinia svecica cyanecula,* vit en Europe centrale et méridionale; le mâle a une tache blanche sur le plastron bleu (2). Chez les deux sous-espèces, le poitrail bleu est séparé du ventre blanc par une ceinture noire et rousse, toutes deux ont également en roux-brun le croupion et le bout des plumes rectrices. En dehors de la saison des amours, le mâle perd ses couleurs vives et son plastron bleu perd sa netteté. La femelle a la poitrine blanchâtre, limitée par des taches noires formant ceinture (3). Les jeunes ont des taches brunes longitudinales, sur le dos et le ventre.

La patrie de la Gorge-bleue s'étend à l'Europe et l'Asie, d'où, à travers la toundra asiatique, elle atteint le continent de l'Amérique du Nord jusqu'à l'Alaska occidental (4).

Rouge-gorge
Erithacus rubecula

Turdidés
Turdidae

Le Rouge-gorge est un oiseau très vif, très mobile et remuant. Il a les pattes relativement hautes, il se déplace vite, et volontiers, au sol, et quand il est dérangé il agite la queue et semble faire la révérence. Il affectionne les sous-bois épais des forêts de feuillus, mixtes ou de résineux; cependant il ne fuit pas la présence de l'homme et niche aussi dans les jardins, parcs ou vergers. Dès le mois de mars, le mâle occupe son territoire de nidification et le marque, en chantant souvent. La construction du nid repose uniquement sur la femelle qui n'est pas très difficile quant au choix de l'endroit. Elle l'établit dans un trou au sol, sous les racines d'un arbre, dans un tas de branchages ou dans un creux d'arbre ou de terre. Le matériau principal est fait de feuilles sèches, de fibres végétales et de mousse verte que l'on peut voir autour du nid. La garniture du creux n'est pas très riche, elle se compose de fines radicelles et de poils. C'est deux fois par an que la femelle pond 4 ou 6 œufs jaunâtres, tachetés de brun, qui éclosent au bout de 13 à 14 jours. Les petits quittent le nid 12 à 14 jours après leur naissance, à un moment où ils ne sont pas encore capables de voler, et les parents en prennent soin durant un certain temps. La nourriture du Rouge-gorge se compose d'insectes à tous les stades d'évolution, d'araignées, de vers, de petites limaces et, vers la fin de l'été comme au début de l'automne, il y ajoute divers fruits. Les jeunes et les adultes ont le même régime alimentaire. Le Rouge-gorge est surtout migrateur, et s'envole vers l'Afrique du Nord ou le Sud de l'Europe en septembre et en octobre. Mais en Europe centrale, certains individus restent tout l'hiver, surtout des mâles. Il leur arrive même de chanter tout doucement, en cette saison.

3

Le mâle et la femelle du Rouge-gorge ont le dos olivâtre, les ailes un peu plus sombres ainsi que la queue, et un dessous blanchâtre. Sur la poitrine, très nette, une tache rouge brique, qui monte dans les joues jusqu'aux yeux (1). Les jeunes au nid ont l'intérieur du bec d'un jaune vert, avec des bords jaune clair (2). Après la pousse des plumes, ils ont le dos et le dessous tachetés de brun (3). Leurs yeux grands, tout ronds, sont remarquables. Ils leur permettent de rechercher leurs proies dans l'ombre des fourrés épais. Même le chant du Rouge-gorge, bien

1

2

4

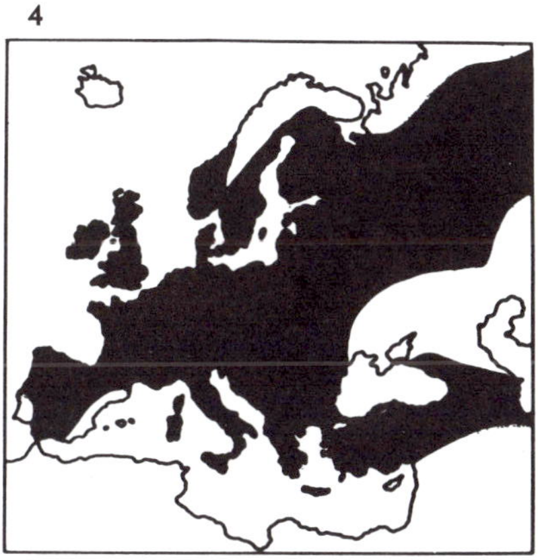

reconnaissable, parfois très doux, puis en flûte très sonore, retentit souvent en pleine obscurité. Les mâles, surtout au printemps, sont très intolérants dans la défense de leur territoire de nidification, et malheur au rival qui manifesterait l'intention d'occuper le rayon. Il s'ensuivrait aussitôt une lutte âpre et cruelle. A ce sujet, les mâles réagissent surtout au bavolet rouge, et dans l'excitation printanière, on peut les provoquer à la lutte contre un leurre peinturluré d'une tache rouge.

Le Rouge-gorge vit dans toute l'Europe, à l'exception de l'extrême nord de la Scandinavie, en Sibérie occidentale, en Asie Mineure et dans le nord-ouest de l'Afrique (4).

Traquet motteux

Oenanthe oenanthe

Turdidés

Turdidae

Quoique le Traquet motteux soit plutôt un habitant typique de la montagne, nous le rencontrons souvent aussi à de plus basses altitudes — dans les champs sablonneux et pierreux, les friches et jachères ensoleillées, les sablières et briqueteries, les talus de chemin de fer ou de chaussée et sur toute surface envahie d'herbes folles. Il est, textuellement, un globe-trotter qui habite en un cercle de largeur variable tout le globe terrestre: Europe, Asie, Afrique du Nord, Amérique du Nord et même le Groenland. Le Traquet motteux d'Europe regagne en septembre et octobre ses lieux d'hivernage jusqu'en Afrique équatoriale, et il revient sur ses lieux de nidification européens à la fin du mois de mars et en avril. On trouve son nid en des endroits très éclectiques: tas de cailloux, crevasse d'un mur, trou dans la terre ou entre des racines d'arbuste, mais aussi en des endroits aussi peu habituels qu'un terrier de lapin ou une traverse de ligne de chemin de fer fréquentée. Les deux partenaires bâtissent le nid, à partir d'herbes sèches, de mousse et de racines entassées sans grand soin, mais le creux en est très attentivement tissé d'une grande quantité de poils de bêtes et de plumes. La femelle y pond 5 à 6 œufs unicolores, vert-bleu, et elle les couve pendant 14 jours environ. Les petits traquets sautent hors du nid à l'âge de 12 à 15 jours, mais ils ne seront capables de voler que quelques jours plus tard. Les deux adultes leur apportent divers insectes, araignées, mille-pattes et petites limaces. Ils trouvent la plus grande partie de leur nourriture au sol, mais ils sont très capables d'attraper des insectes au vol.

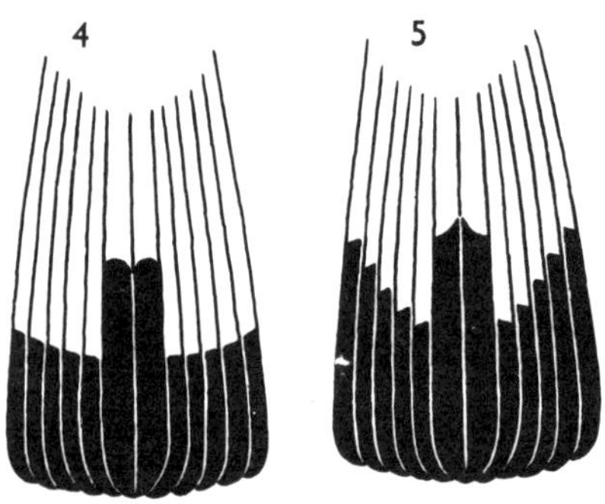

Dans son plumage nuptial, le mâle a la tête et le dos gris, les ailes noires, noir aussi le bout de la queue et un très net masque sur les yeux, le croupion blanc ainsi que la plus grande partie des rectrices, et le dessous du corps jaunâtre (1). La femelle a le même coloris, mais moins contrasté, chez elle le noir est remplacé par du brun ou du gris (2), les jeunes se différencient des femelles par des taches sur le dos et la poitrine. Les oisillons ont l'intérieur du bec intéressant: jaune, avec une raie noire à travers la langue (3). Son apparenté du Sud, le

Traquet oreillard *(Oenanthe hispanica),* a le plumage de la même couleur. Il s'en distingue cependant par une teinte ocre sur le dessus, et il se présente sous deux variantes: à gorge noire et à gorge blanche. Il y a aussi une différence dans la coloration des plumes de la queue et la longueur des rémiges: le Traquet motteux a le bout des rectrices noir d'une même largeur (sauf les deux centrales — 4), la deuxième rémige est plus longue que la cinquième. Chez le Traquet oreillard, le bord noir des plumes extérieures va en se rétrécissant vers le centre (aussi à l'exception de la paire centrale — 5); la deuxième rémige est plus courte que la cinquième.

2 ♀

1 ♂

3

Merle de roche — Turdidés
Monticola saxatilis — *Turdidae*

Le Merle de roche est un excellent chanteur, au répertoire formé de sons de flûte où se mêlent des mélodies reprises à d'autres oiseaux. Souvent le mâle chante, tout en dansant au sommet d'une falaise, ailes largement déployées et soulevées. Ce merle habite exclusivement les régions montagneuses, il se contente souvent d'une simple pente rocheuse sèche, d'une carrière de pierre, voire d'un château en ruines ou de fortifications de villes anciennes dans des altitudes plus basses. C'est en général un oiseau timide et farouche, qui mène une vie très secrète, si bien qu'il échappe souvent à l'observation, niche-t-il dans une carrière où l'on travaille de façon ininterrompue. Il installe son nid dans une crevasse de rocher, ou dans un creux entre les racines d'un arbre. C'est dans l'ensemble une construction peu soignée faite de tiges, racines, mousse et herbes, et qui se caractérise par le manque de plumes et poils pour garnir le creux. La femelle y pond 4 à 5 petits œufs clairs, uniformément vert-bleu, et elle les couve seule pendant 13 à 15 jours. Ensuite les deux parents élèvent les petits éclos, et ceux-ci quittent le nid un peu prématurément, à l'âge de 12 de 15 jours, alors qu'ils ne savent pas encore bien voler. Le Merle de roche revient en ses lieux de nidification au mois d'avril, le début de la couvaison a lieu en mai, et en juin les petits quittent le nid. Ils ne restent pas longtemps en nos pays, et dès le mois d'août et en septembre ils s'envolent vers la chaleur de l'Afrique équatoriale et de l'Arabie. La nourriture du Merle de roche est essentiellement composée d'insectes, larves et cocons, araignées et petites limaces. L'oiseau ramasse sa nourriture au sol ou la capte dans l'air. Il enrichit également son menu de fruits divers.

3

Le mâle du Merle de roche est un splendide oiseau de la taille de la Grive musicienne. En plumage nuptial il a la tête, le cou, la poitrine et la partie antérieure de son dos couleur bleu ardoise, et tout le dessous du corps d'un beau roux. Les ailes sont noires, la queue rousse, mais les plumes centrales sont brunes (1). On le reconnaîtra en vol au blanc pur de son croupion. La femelle (2) est pointillée de brun sur le dos, elle est plus claire en dessous, et le plumage des petits est pareil. En saison, en dehors de celle des amours, le mâle perd ses couleurs vives, cachées par le liseré clair des petites plumes.

Le Merle de roche est avant tout un oiseau de l'Europe centrale et méridionale (la limite nord de sa présence se situe dans les Monts des Géants, en Tchécoslovaquie), de l'Afrique du Nord, et il s'étend en une bande de l'Asie Mineure au lac Baïkal (3).

Grive draine
Turdus viscivorus

Turdidés
Turdidae

La Grive draine est le plus grand des turdidés. Elle habite toute l'Europe à l'exception des régions septentrionales de la Scandinavie, la partie occidentale de l'Asie et les pays de l'Atlas, en Afrique. C'est surtout un oiseau sylvestre, qui préfère les bois de résineux. On le rencontre cependant parfois dans les forêts mixtes et les vieux parcs. La Grive draine n'est pas un oiseau purement migrateur. Celle des régions méridionales est sédentaire, la nordique regagne le sud à l'automne. Mais dès février ou mars elle revient sur ses lieux de nidification, et même quand il y a encore de la neige dans les forêts, on peut l'y entendre chanter, perchée sur l'un de ses endroits favoris: le sommet d'un conifère. Cette grive chante très bien, son chant pourrait se situer entre la flûte mélodieuse du Merle noir et les glapissements de la Grive musicienne. Le fait qu'elle vive et chante dans les bois de conifères obscurs l'a fait surnommer «le Rossignol des forêts sombres». C'est la femelle qui bâtit le nid, très haut sur un arbre, beaucoup plus haut que les autres turdidés ne le font. Le mâle l'aide en lui apportant du matériau de construction. La couvée complète compte 4 à 6 œufs verdâtres, finement tachetés de gris-mauve et de rouge, et elle les couve seule. Au bout de 13 à 14 jours apparaissent les jeunes, qui quittent le nid après 14 à 16 jours, ce qui est prématuré, et typique d'autres turdidés également. Leurs deux parents continuent à les nourrir même quand ils savent déjà voler assez bien, et ce n'est qu'ensuite qu'ils se mettent à édifier un autre nid, où ils élèveront une deuxième couvée. La nourriture de la Grive draine se compose essentiellement d'insectes, vers, mille-pattes, limaces etc., mais de la fin de l'été à l'hiver elle mange également divers fruits, airelles et myrtilles, baies de gui, sorbes et autres. Les autres turdidés se nourrissent de la même façon.

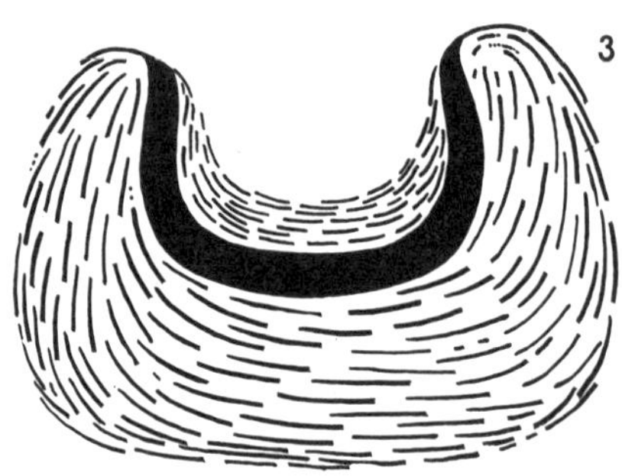
3

2 ♂

1

A première vue, la Draine ressemble fort à la Grive musicienne. Cependant, elle est nettement plus grande, a le dos plus gris et, sur le dessous de son corps, les taches sont beaucoup plus grandes et plus marquées, et elles arrivent jusqu'à son ventre (1). Le dessous des ailes est blanchâtre, ce qui est un important signe de reconnaissance en vol (2). Les deux sexes ont un plumage de même couleur, les jeunes ont le dessus tacheté de jaune et de noir.

Le nid comporte trois couches: l'extérieure est faite d'herbes sèches, de feuilles et brindilles; la couche centrale est en terre qui sèche et durcit vite — on peut d'ailleurs bien voir cette couche vers le haut, à l'ouverture du nid; la couche intérieure se compose de très fines herbes (3).

Merle noir Turdidés
Turdus merula *Turdidae*

Tout le monde, ou presque, connaît le Merle noir. Sa silhouette et son chant mélodieux animent la plus grande des grandes villes, où il apporte un brin de nature. Il est pourtant, à l'origine, un oiseau sylvestre, et une bonne part des merles continuent à habiter en leurs lieux naturels. Le merle sylvestre, tout comme le nordique, est un oiseau migrateur qui regagne les régions méditerranéennes à l'automne; le merle citadin, qui vit en Europe occidentale et méridionale, est en général sédentaire. Outre l'Europe, le Merle noir vit au nord-ouest de l'Afrique et habite une bande de terrain allant vers l'est, de l'Asie Mineure jusqu'en Chine. Le merle sylvestre est très vigilant, si bien qu'en forêt, si nous pouvons l'entendre, nous ne pouvons le voir. Il installe son nid surtout sur les arbres et les arbustes, mais le merle citadin le fait n'importe où, pratiquement, sans aucune préférence: sur les corniches et gouttières des maisons, dans un bac à fleurs, sur un monument funéraire au cimetière, voire dans un tas de planches. La femelle pond en général 4 ou 5 œufs qu'elle couve pendant 13 ou 14 jours, puis, aidée par son compagnon, elle les nourrit au nid durant le même temps à peu près. Ensuite les petits merleaux quittent le nid et se cachent au sol, à proximité, et les parents continuent à les nourrir. Bientôt la merlette se met à bâtir un autre nid, mais parfois elle réutilise l'ancien pour y pondre une nouvelle couvée.

Le processus d'urbanisation du merle, sa «synanthropisation», se développe en gros depuis le début de ce siècle. On l'explique par le fait que le merle a trouvé dans les villes de meilleures conditions de vie, surtout une nourriture plus accessible et un climat plus tempéré. Sans doute est-ce pour les mêmes raisons que certains merles sont devenus sédentaires, car ils peuvent aisément se nourrir, même en hiver, dans les villes; cela explique aussi les nidifications plus hâtives, et le plus grand nombre de couples nichant jusqu'à trois fois par saison.

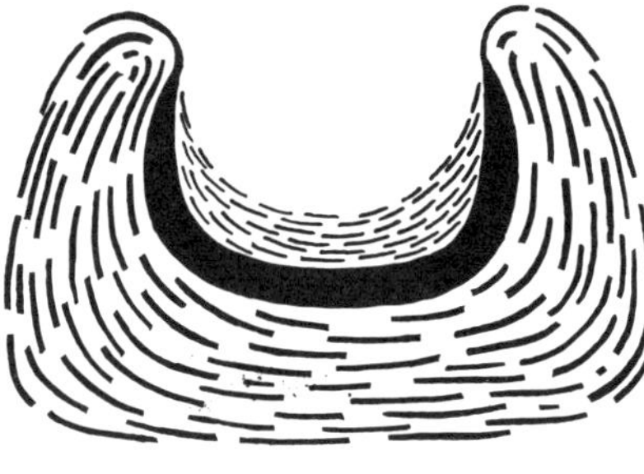

3

Décrire le merle mâle est chose aisée: tout noir, un bec jaune et un mince cercle jaune autour de l'œil (1). La femelle est brun-gris au-dessus, plus claire en dessous, avec des taches sur la gorge (2). Le jeune merleau ressemble à la femelle, mais il est plus moucheté. Le Merle noir est l'un des premiers messagers du printemps. Souvent la neige est encore là que déjà, de son promontoire, il lance ses sons de flûte, sa mélodie un peu mélancolique. C'est l'un des chanteurs les plus matinaux, souvent il commence quand il fait encore noir, chante aussi volontiers à la tombée de la nuit, jusqu'à complet obscurcissement du ciel.

La femelle bâtit son nid de telle façon que la couche extérieure de brins d'herbes, feuilles, mousse et radicelles, et la garniture du creux d'herbes fines soient reliées par une couche de végétaux pourrissants mêlés à de la terre, qui sèche plus lentement que chez la grive, par exemple (3). Les œufs sont d'un vert bleuâtre, avec de fines petites taches rousses également réparties sur toute la surface (4).

4

2 ♀

1 ♂

Grive litorne Turdidés

Turdus pilaris — *Turdidae*

La Litorne se distingue de tous les autres turdidés, principalement par son mode de vie. Quoique certains couples nichent parfois isolément, la grande majorité d'entre eux se rassemblent en colonies plus ou moins grandes, où l'on peut dénombrer plus de 30 ou 40 couples. La Grive litorne affectionne les régions ouvertes à allure de parcs, elle s'installe dans les végétations anciennes couvrant les bords de rivières ou d'étangs, les vieux parcs, les breuils, l'orée des forêts, de préférence à proximité de prairies humides. On ne la trouvera pas dans un complexe sylvestre fermé. La Grive litorne est principalement une habitante de l'Europe centrale et septentrionale, ainsi que de l'Asie. On a constaté, dans les périodes récentes, un net déplacement vers l'ouest et le sud. Une partie de cette espèce est sédentaire, une autre est migratrice. La Litorne nordique, de même qu'une partie des Litornes vivant en Europe centrale, regagne le sud en automne, surtout l'Europe occidentale et méridionale. La saison des nids dure d'avril à juillet, et les couples nichant dans les régions plus méridionales le font deux fois l'an, les couples nordiques une seule fois. La femelle pond 4 ou 6 œufs que l'on ne peut distinguer des œufs de merle, et au bout de 13 à 14 jours les deux parents se mettent à nourrir les petits frais éclos. L'élevage au nid prend 13 à 15 jours, puis les parents nourrissent encore les petits, durant deux semaines après qu'ils l'aient quitté. L'alimentation de la Grive litorne est animale et végétale. L'hiver, on les voit s'abattre en grandes bandes sur les sorbiers et autres arbres à baies.

Autrefois, on chassait beaucoup la grive, qui était considérée comme un mets de choix. De nos jours encore, elle sert de gibier à plume.

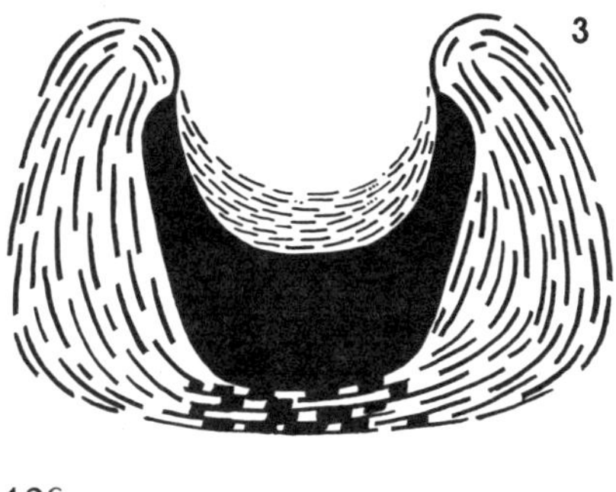

3

A la différence des autres grives, la Litorne est relativement haute en couleurs (1, 2). Le meilleur signe distinctif, c'est le gris ardoise de sa tête, de la partie arrière de son cou et du croupion, qui contraste avec le brun du dos et le noir de la queue. La poitrine est rousse, avec des taches sombres, mais d'un roux tirant sur le jaune, et vers le ventre le jaune-roux, ainsi que les taches, se perdent. Le dessous des ailes est blanc. La femelle est semblable au mâle, les jeunes sont plus ternes, chez eux la tête et le dos sont de la même teinte brune. Un bon signe pour reconnaître la Grive litorne dans la nature, c'est son cri d'alarme «tchak, tchak, tchak». Le mâle chante parfois en plein vol.

Le nid de la Grive litorne ressemble à celui du merle. La couche extérieure est faite d'herbes sèches et de feuilles, la couche centrale est calfeutrée par un mortier de terre qui n'arrive pas au bord supérieur, cette boue sèche vite et durcit; le creux est garni d'herbes fines (3).

2

1

Grive musicienne Turdidés
Turdus philomelos *Turdidae*

La Grive musicienne habite la plus grande partie de l'Europe et une grande portion de l'Asie. Elle vit dans les bois et forêts de tous genres, plus volontiers au bord qu'en plein centre, aussi bien que dans les parcs, jardins ou cimetières. Elle installe son nid sur un arbre ou un arbuste, mais aussi sous le toit d'une maison, sous une voûte, une niche dans un mur, etc. Il semble que dans ces derniers temps cette espèce devienne de plus en plus nombreuse dans les villes, et il se pourrait qu'elle devienne une citadine sédentaire comme le merle. Pour l'instant, la plus grande part des grives est encore migratrice. Elles s'en vont en septembre et octobre pour regagner l'ouest et le sud de l'Europe, ainsi que l'Afrique du Nord. Elles nous reviennent dès le mois de mars, et comme leurs passages se font pendant la nuit, on est tout étonné de les entendre chanter, un beau matin, sans les avoir vues arriver. Le concert donné par le mâle est le plus frénétique à l'aube et au crépuscule du soir. A d'aucuns, ce chant peut sembler trop aigu. Les différents motifs, que l'oiseau répète d'habitude plusieurs fois, sont lancés de manière hachée, avec des silences, et pour finir cela ressemble à des glapissements. Nous serons alertés sur la présence de la Grive musicienne (ou parfois d'un merle) si nous découvrons des traces de sa «forge». Il s'agit d'une pierre, une souche, une grosse branche, sur quoi l'oiseau brise la coque dure de divers mollusques comme les escargots. On peut découvrir tout autour de cette «enclume» des dizaines de coquilles brisées. La Grive musicienne commence à nicher en avril. C'est la femelle seule qui couve, durant 12 à 13 jours. L'élevage des petits au nid s'étend sur deux semaines environ, et le mâle y participe. Les grives picorent leur nourriture au sol et l'apportent vivante à leurs petits. Lorsque ceux de la première couvée sont devenus indépendants, les parents fondent une deuxième nichée.

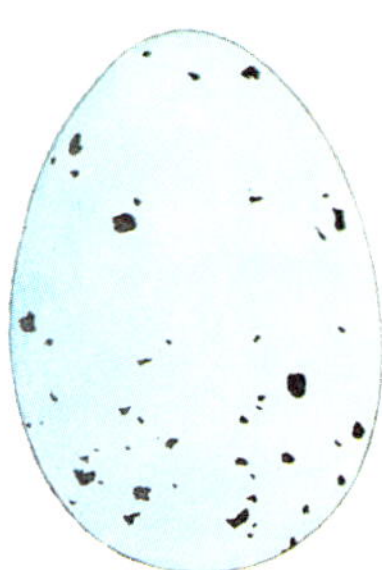
4

La Grive musicienne est plus petite que le merle, et a un plumage assez terne. Le dessus est d'un brun olivâtre, les ailes et la queue sont brunes. La gorge et la poitrine jaunâtres, ainsi que le ventre blanchâtre, sont couverts de taches d'un brun foncé (1). Le mâle et la femelle se ressemblent, les jeunes sont tachetés sur le dos. Un bon signe distinctif en vol, c'est que le dessous des ailes est d'une couleur cannelle très marquée (2).

Le nid de la Grive musicienne se distingue du nid des autres grives en ce que son creux manque de toute garniture de plume ou autre. Il est constitué de deux couches: l'extérieure est en herbes, feuilles et mousse, l'intérieure est une combinaison de sciure de bois pourrissant mélangée à de la salive, sans la moindre composante minérale (3). C'est à même ce matériau que sont déposés les 4 à 6 œufs bleus portant quelques rares petites taches noires (4).

3

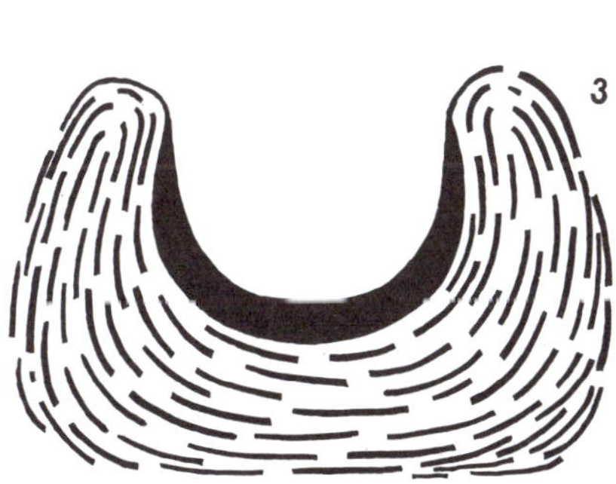

Grive mauvis Turdidés
Turdus iliacus *Turdidae*

Même dans les grandes villes il est possible d'observer la migration de la Grive mauvis nordique. Il suffit de sortir pendant la nuit, de prêter l'oreille, et bientôt l'on percevra l'appel «sîîp» par lequel les oiseaux migrateurs s'entendent en plein vol de nuit, maintenant ainsi le contact. La vraie patrie de la Grive mauvis, c'est le Nord, il y a cependant des individus qui nichent aussi en Europe centrale, et il semble même que, comme il en est de la litorne, la frontière de son aire de répartition descende toujours un peu plus vers le sud. Au nord, la Grive mauvis est typiquement un oiseau de la taïga et de la toundra; dans les régions situées plus au sud, elle s'installe de préférence dans de la végétation poussant en terrain spongieux et humide, le long des rives de cours d'eau ou encore à l'orée de forêts humides. A l'automne, normalement en octobre ou novembre, on peut voir de grandes bandes de Grives mauvis nordiques prendre leur envol vers le sud ou l'ouest de l'Europe, voire jusqu'en Afrique du Nord. Elles seront cependant nombreuses à passer l'hiver en Europe centrale, souvent en compagnie de la Grive litorne. Celles qui sont parties reviennent en mars ou en avril. Elles installent leur nid dans les arbres ou les arbustes, mais dans la toundra septentrionale, elles le déposent assez souvent directement au sol. Ce sont les deux parents qui bâtissent, puis encore ils se relayent pour couver les 4 ou 6 œufs assez semblables à ceux du merle. Au bout de 14 jours les oisillons percent leur coquille à coups de bec, ils croissent assez vite et en moins de deux semaines ils sautent hors du nid. Leurs parents continuent encore un certain temps à s'occuper d'eux.

5

La Grive mauvis ressemble à la Grive musicienne tant par la taille que par le coloris. Elle s'en distingue toutefois par un très apparent sourcil clair et des flancs roux (1). Le dessous de ses ailes est du même roux très vif, ce qui apparaît bien en vol (2). La femelle ne se distingue pas du mâle, quant aux petits ils ont des taches sur le dos et n'ont pas les flancs de ce roux intense qui orne ceux des parents.

Le nid de la Grive mauvis est très bien façonné avec de l'herbe, des feuilles et de fines racines, et renforcé d'une couche de terre glaise; comme pour le nid de la litorne, ici aussi le ciment va jusqu'au

2

1

3

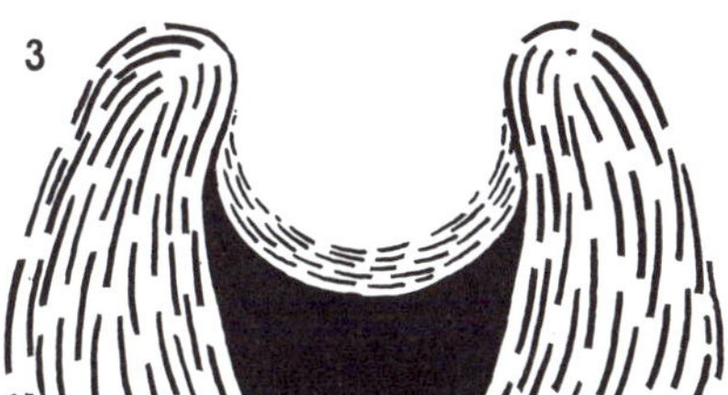

fond du nid et le colle aux branches sur lesquelles il est fixé (3). Les œufs de la Grive mauvis ressemblent à ceux du merle (4).

La Grive mauvis est répandue en Scandinavie, en Islande, dans la partie septentrionale de l'U.R.S.S. et en Sibérie (5).

4

Merle à plastron Turdidés

Turdus torquatus *Turdidae*

Le Merle à plastron n'est résolument pas attaché aux régions montagneuses; il apparaît assez souvent dans les plateaux à des altitudes inférieures à 400 mètres, parfois encore nettement plus bas, par exemple dans les falaises du bord de mer. Il préfère les forêts alpestres de conifères, où il pénètre profondément et haut dans les pinèdes, cependant il niche aussi dans les hêtraies, surtout celles qui ont un sous-bois broussailleux et à l'orée des forêts de basse altitude. Il se tient souvent au sol, où il recherche sa nourriture, c'est pourquoi il choisit d'être à proximité d'une prairie, d'une clairière, d'une percée dans le bois, des chablis. C'est un oiseau migrateur, de septembre à octobre il s'envole vers l'Afrique du Nord ou l'Asie Mineure. Cependant, on connaît en Europe centrale des cas isolés d'hivernage à basse altitude. Il revient de mars à avril. Les deux oiseaux participent à la construction du nid; ils le dissimulent soigneusement de préférence entre les branches touffues d'épicéas nains ou de pins, il leur arrive cependant de le jucher au sommet d'un épicéa de haute taille. Le nid est bâti de la même façon que celui des autres turdidés; sans doute a-t-il un peu plus de fines brindilles à la base. Une pleine couvée compte 4 ou 5 œufs semblables à ceux du merle, mais ils sont d'un bleu-vert plus marqué, et leurs taches sont plus claires. Les deux partenaires se partagent également le soin de la couvaison durant deux semaines environ, puis ils s'occupent ensemble de l'élevage des petits, durant le même temps à peu près. La plupart des couples ne nichent qu'une fois par saison, mais il en est, surtout ceux des régions méridionales, qui élèvent une deuxième couvée. Le mode de vie du Merle à plastron ressemble en gros à celui du Merle noir. Il aime à chanter au petit matin et au crépuscule, le soir, et se déplace souvent au sol. C'est un plaisir que de l'observer quand il cherche quelque chose à manger entre les feuilles, de voir avec quelle adresse il retourne une feuille après l'autre, comme le fait également le Merle noir.

3

Le Merle à plastron ressemble au Merle noir, on le reconnaît cependant toujours à son grand croissant blanc sur la poitrine. Il n'est pas non plus d'un noir si profond, il serait plutôt brun-noir, et ses petites plumes de dessous sont bordées de blanc (1). La femelle, comme teinte de base, est plus brune, et son plastron a des reflets bruns. Les jeunes ressemblent aux jeunes merles noirs, avec une gorge plus claire. Au Nord, niche une race plus foncée, le *Turdus torquatus torquatus* chez qui le bord blanc des plumes de la partie inférieure du corps est plus étroit, et dont le centre est dépourvu de tache blanche (2). Chez la race d'Europe centrale, *Turdus torquatus alpestris*, le bord blanc des plumes du dessous est plus large, et beaucoup de ces plumes ont, en plus du bord blanc, une tache centrale blanche (3).

Le Merle à plastron habite surtout les montagnes, en Europe centrale et méridionale. Il niche dans une grande partie de la Scandinavie, en Grande-Bretagne, en Irlande et en Asie Mineure.

2

1 ♂

Mésange à moustaches — Paradoxornithidés
Panurus biarmicus — *Paradoxornithidae*

La Mésange à moustaches passe pratiquement toute sa vie dans les roselières touffues et de grande étendue. Elle ne quitte pour ainsi dire pas ce milieu et y mène une vie très cachée et discrète. C'est un oiseau remuant, qui grimpe adroitement le long des hampes de roseaux, se faufile entre elles comme une souris dans une crevasse. Par son adresse à se faufiler dans cette végétation touffue, elle peut se comparer au Bruant des roseaux. Dès le mois d'avril, les deux oiseaux installent, quelque part dans des massifs de vieux roseaux brisés, un nid fait de feuilles et d'inflorescences de roseaux ainsi que d'autres herbes aquatiques qu'ils garnissent de plumes. Le nid est souvent très près de la surface de l'eau. Lorsque s'y trouvent 5 à 7 œufs blancs finement tachetés et rayés de brun, les deux parents se mettent à les couver durant 12 ou 13 jours. Ensuite, ils nourrissent les petits au nid pendant 10 à 13 jours, puis leur donnent encore deux semaines de soins en dehors du nid. A la fin du mois de mai ou au début du mois de juin, le couple se remet à élever une autre couvée. L'hiver venu, les familles qui étaient restées isolées se rassemblent en grandes bandes. En cette saison, la Mésange à moustaches se nourrit de graines de plantes aquatiques et des marais, quoique en d'autres temps sa nourriture principale lui soit fournie par des insectes et petits invertébrés qu'elle capture dans les roseaux.

2 ♀

La Mésange à moustaches est un oiseau de la taille de la Mésange charbonnière, avec une longue queue étagée, rappelant la Mésange à longue queue. Le mâle, dans son plumage nuptial, a de très belles couleurs (1), la tête gris-bleu avec une longue moustache noire qui va du bec à la gorge. Cette moustache est d'autant plus impressionnante que les plumes qui la forment s'écartent nettement des autres plumes. Le dos est brun-roux, le dessous un peu plus clair, et les ailes sont marquées de deux champs blancs. La femelle n'a pas la tête bleuâtre, et n'a pas non plus de moustache noire (2); les jeunes ressemblent à la femelle, mais ils ont du noir sur le dos et sur la queue.

3

Les aires géographiques de la Mésange à moustaches, en Europe et en Asie, sont très éparpillées, cependant elle occupe une longue bande allant d'Espagne jusqu'au Japon (3). Dans les régions méridionales elle est sédentaire, mais les oiseaux nordiques entreprennent de grands déplacements à l'automne, pour aller vers le sud. Ce n'est que lors de ces migrations que la Mésange à moustaches abandonne ses roselières favorites.

1 ♂

Mésange rémiz
Remiz pendulinus

Rémizidés
Remizidae

La Mésange rémiz est l'un des meilleurs oiseaux bâtisseurs. Son nid est l'exemple parfait d'un travail de maître, et on le connaît d'ailleurs mieux que son bâtisseur. Ce nid a la forme d'une moufle suspendue à une fine branchette verticale, et on y entre par le «pouce». Le plus souvent, il est suspendu directement au-dessus de l'eau, mais s'il se trouve plus loin sur la berge, alors il est nettement plus haut. La construction du nid demande deux semaines de travail aux Mésanges rémiz. Le mâle commence la construction en avril, de façon à former la base, en forme de sac, avec des fibres végétales. Ensuite, la femelle y entassera divers duvets végétaux mélangés à de la salive. Avant que le nid ne soit achevé, la femelle y pond 5 à 8 œufs d'un blanc pur, de forme allongée, et avec le mâle elle achève de construire l'entrée tubulaire, principal signe de l'achèvement du nid. Le mâle quitte alors la femelle et entreprend d'édifier un autre nid, dans lequel il s'efforce d'attirer une autre femelle. En une saison, il peut y arriver trois fois. Un couple d'oiseaux ne vit donc ensemble que le temps de l'édification d'un nid. En ce qui concerne la couvaison, qui dure 12 à 15 jours, l'élevage dans le berceau-balançoire qui prend 15 à 20 jours, cela incombe à la femelle seule. Il semble qu'une partie des femelles nichent deux fois par an.

Découvrir un nid de Mésange rémiz n'est pas facile. L'oiseau se déplace dans les buissons touffus ou au faîte des arbres, si bien qu'il attire d'abord l'attention par son long cri aigu «tsiii — tsiiii». Il est assez tributaire de l'eau, aussi le rencontre-t-on surtout dans les régions avec des étangs, ou tout au long des cours d'eau aux rives envahies d'arbres et de buissons. Dans les régions méridionales il est sédentaire, les oiseaux des régions septentrionales rejoignent le sud à l'automne. La nourriture de la Mésange rémiz est surtout constituée d'insectes, mais en automne et en hiver elle mange aussi des graines.

2

Les deux sexes ont la même couleur, la tête gris-blanc, le dos brun-noir, le dessous blanc jaunâtre. Le signe de reconnaissance le plus marquant est un large masque noir qui va du bec jusqu'au-delà des yeux (1). Les jeunes sont dépourvus de ce masque (2). L'instinct de constructeur du mâle est si fort qu'il ne construit pas seulement les

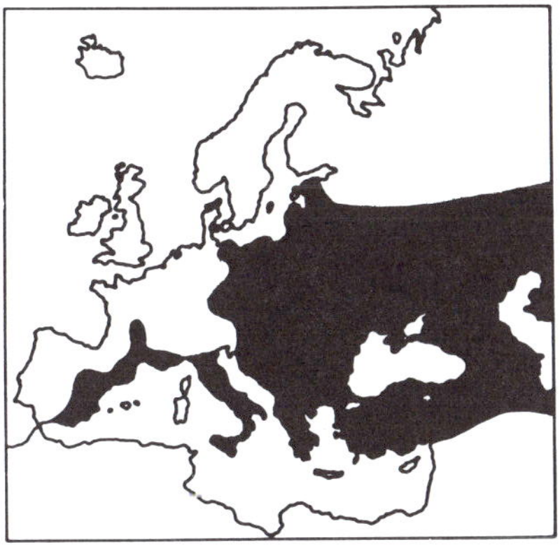

4

3

nids dans lesquels ses femelles élèvent des petits (ces nids ont 12 à 18 cm de haut, 8 à 11 cm de large, avec des parois épaisses de 2,5 cm [3]), mais il fait aussi des résidences secondaires, qui d'ailleurs ne sont jamais achevées. Dans les nids qui sont construits au début du printemps, le principal matériau est fourni par des fibres végétales, et ces nids ont une teinte brun-gris; les nids bâtis en mai et en juin sont presque exclusivement en duvet de saule et de peuplier, si bien qu'ils sont presque blancs.

1

La Mésange rémiz est surtout une espèce d'Europe orientale et méridionale qui s'est répandue en une bande allant de l'Asie Mineure jusqu'au Japon (4).

Mésange à longue queue
Aegithalos caudatus

Aegithalidés
Aegithalidae

La Mésange à longue queue se différencie des autres mésanges du fait qu'elle ne niche pas dans des creux, mais se construit son propre nid sur un arbre ou un buisson. Elle se range parmi les meilleurs bâtisseurs au royaume des oiseaux, et en dépit de ce qu'elle soit l'un des plus petits oiseaux (elle pèse 8 ou 9 grammes), son nid est vaste, atteignant en moyenne 20 cm × 12 cm. Les parois du nid ont une épaisseur de 1,5 à 2,5 cm; elles sont tissées presque exclusivement de mousse et de lichen, avec une plus petite quantité de fibres végétales. La surface en est parfaitement masquée par des bribes d'écorce, des toiles d'araignée et des cocons d'insectes, si bien qu'ainsi camouflé, le nid passe complètement inaperçu sur un tronc de chêne couvert de mousse ou dans l'entrelacs des branches hérissées d'aiguilles des jeunes bois d'épicéas. Tout aussi surprenante est l'incroyable quantité de petites plumes dont cette mésange garnit le creux de son nid. Où donc va-t-elle chercher ces quelque deux mille petites plumes? Le nid est une construction ovale, complètement fermée, avec une entrée latérale dans la partie supérieure. Sa construction prend aux deux bâtisseurs entre 15 et 20 jours. Les œufs, au nombre allant de 6 à 12, sont couvés par la femelle seule pendant 12 ou 13 jours. Les petites mésanges restent au nid pendant 15 à 18 jours, puis elles s'envolent. Elles restent cependant près de leurs parents et on a même constaté qu'elles les aident à nourrir leurs petits frères et sœurs nés d'une couvée suivante. Les couples qui n'ont pas fondé de famille agissent de même. La Mésange à longue queue habite toute l'Europe, sauf les régions du Grand Nord. De là, sa répartition géographique s'étire sur une large bande jusqu'au Japon et au Kamtchatka. Son biotope préféré lui est fourni par les bois de feuillus et mixtes, les jeunes bois feuillus ou de conifères, mais aussi les parcs et jardins.

La Mésange à longue queue se nourrit presque exclusivement d'insectes, pour la plupart nuisibles. En hiver, lorsque les mésanges se rassemblent en bandes nombreuses, elles rendent de grands services en ce sens, et se rangent parmi les oiseaux les plus utiles.

5

On a appelé la Mésange à longue queue: «une touffe d'ouate». C'est précisément sa longue queue étagée, avec du blanc, du noir, du brun et du rose, qui fait que nous ne pouvons confondre cette mésange avec aucun autre oiseau. D'après

la coloration de la tête, on distingue deux sous-espèces: l'espèce nordique *(Aegithalos caudatus caudatus),* qui a la tête d'un blanc pur (1) et l'espèce d'Europe centrale *(Aegithalos caudatus europaeus),* avec un bandeau noir en arc de cercle au-dessus de l'œil, qui va se fondre dans le noir du dos (2). On peut reconnaître un croisement des deux sous-espèces à ce bandeau, non achevé ou à peine esquissé. Les jeunes ont les joues, le cou et le dos brun-noir, et ils n'ont pas la teinte rosâtre de leurs parents (3). Le nid est une construction ovale, très solide et complètement fermée, avec une petite entrée latérale située dans la partie supérieure (4). Les œufs sont blancs, finement persillés de rouge (5).

Mésange huppée Paridés
Parus cristatus *Paridae*

Comme son nom l'indique, on reconnaît la Mésange huppée à la touffe de plumes qu'elle porte au sommet de la tête. Cette mésange semble toujours être sur ses gardes, plus alertée que d'autres de ses apparentées. Le mâle chante relativement peu, par contre à la saison des amours il ne cesse de dresser sa huppe, de l'étaler et de la rabattre. Sa voix la plus caractéristique est émise dans son cri d'appel, quelque chose comme «sisi tchrrrr». La Mésange huppée donne la préférence à diverses sortes de forêts de conifères, mais en Europe du Sud et de l'Ouest, elle vit aussi dans les forêts de feuillus. La femelle installe son nid dans un tronc d'arbre, ou dans toute crevasse entre aubier et écorce, il est même des cas où elle creuse elle-même un trou dans un tronc de bois tendre, pourrissant. Elle s'installe rarement, mais cela lui arrive, dans un nichoir mis à sa disposition. La garniture intérieure du nid est faite de mousse, d'herbes sèches et de poils d'animaux. La femelle y pond deux fois par an, d'abord entre avril et mai, puis en juin, de 6 à 10 œufs, et elle les couve seule. Les jeunes éclosent après 15 à 17 jours, et restent alors encore plus de deux semaines bien à l'abri au creux du nid. A ce moment-là, les deux parents les nourrissent surtout d'insectes, leurs œufs, larves et cocons, ils consomment d'énormes quantités de scolytidés, charançons et autres dangereux fléaux des forêts. La Mésange huppée est un oiseau sédentaire, cependant en automne et en hiver elle vagabonde, et s'unit alors à d'autres bandes de mésanges d'espèces différentes. En cette saison hivernale sa nourriture devient de plus en plus axée sur les graines d'arbres à aiguilles, surtout les épicéas et les sapins.

2

La Mésange huppée n'est pas très haute en couleurs, cependant elle a beaucoup d'allure et est très élégante. Son «chic» provient surtout de cette huppe noire et blanche, qu'elle sait fort bien redresser et rabattre. Son plumage, en partant de la tête vers le dos, est d'un brun grisâtre, le dessous est d'un blanc sale, les flancs ont un reflet roussâtre. La tête est blanche avec un arc noir derrière l'œil, et le menton est également noir (1).

Les deux sexes ont le même coloris. Les jeunes ont une huppe plus courte, et les taches, sur leurs joues, sont moins marquées. Les œufs son blancs, mouchetés de rouge (2).

Cette espèce niche dans presque toute l'Europe, sauf le nord de la Scandinavie, elle vit aussi dans le sud de la Grande-Bretagne, dans la péninsule ibérique et dans les Balkans (3).

3

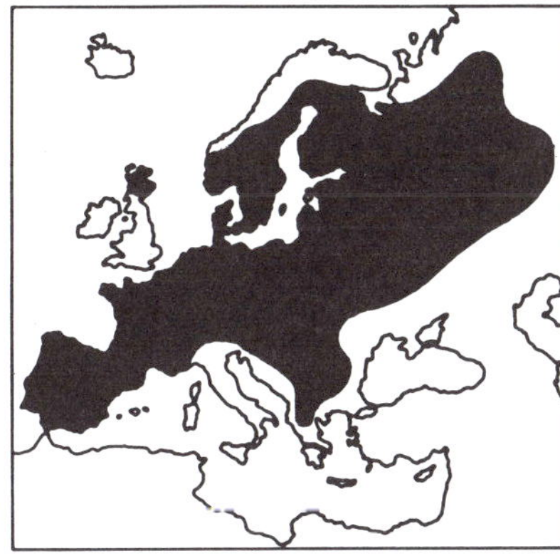

1

Mésange nonnette

Parus palustris

Paridés

Paridae

L'un des aspects intéressants de la vie de la Mésange nonnette, c'est que les couples sont inséparables, mâle et femelle une fois unis restent ensemble, même en automne et en hiver, tout en s'assemblant avec d'autres nonnettes, voire avec des groupes d'autres mésanges. C'est un oiseau sédentaire, qui passe l'hiver dans le voisinage de son nid. Au printemps, en général à partir du mois d'avril, chaque couple occupe son territoire de nidification et les femelles se mettent à examiner attentivement les trous existant dans les arbres. Elles ne sont pas très exigeantes, et nichent tout aussi bien très bas au-dessus du sol que jusqu'à une dizaine de mètres de haut. Le nid est fait de mousse, lichen, brins d'herbes et poils; la femelle y pond 7 à 10 œufs blancs, avec quelques rares taches rouges. Après deux semaines de couvaison qu'elle assume seule, ses petits éclosent et son mâle l'aide alors au nourrissage durant 17 à 19 jours. Quand les petits ont quitté le nid, les parents les nourrissent encore durant un certain temps. A l'encontre de ce que font en général les autres mésanges, la nonnette ne niche qu'une fois par saison. Sa nourriture se compose d'insectes aux divers stades de leur évolution, y compris les coléoptères à dure carapace chitineuse, des pucerons, araignées, mouches, etc. On trouve son habitat dans les bois feuillus et mixtes, parfois dans les parcs et jardins, mais pas trop profondément installés au cœur des villes.

4

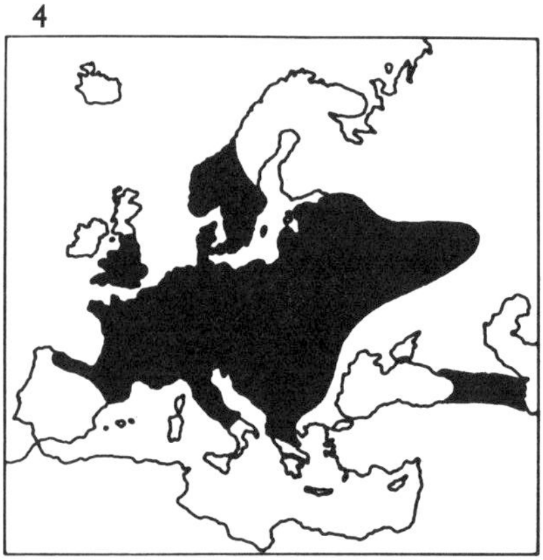

Le mâle et la femelle sont identiques, de couleur assez terne. Le dessus est gris-brun, le dessous blanc sale. Le signe distinctif le plus caractéristique, c'est la calotte noire brillante, des joues blanchâtres et une petite goutte noire sous le menton (1). A la main, on fera la distinction entre cette Mésange et la Mésange boréale (encore appelée Mésange des saules ou Mésange alpestre), par le dessous de la queue: chez la nonnette, la queue est moins étagée, les rectrices extérieures sont tout au plus de 4 mm plus courtes que les plus longues (2), tandis que chez la boréale la graduation est plus marquée, et les plumes du bord de la queue sont de plus

1

de 5 mm plus courtes que celles du centre (3). Les jeunes ressemblent fort aux adultes, mais le dessus de la tête est plus mat. Il y a aussi des différences assez marquées dans le chant des mâles. Chez la nonnette, le chant est assez mélodieux, avec des roulades, tandis que le chant de la boréale est une répétition de 5 ou 6 tons de flûte aigus, qui s'entendent comme «tsié, tsié, tsié, tsié, tsié.»

Notons un point intéressant de sa répartition géographique: la Mésange nonnette vit en Europe et en Asie Mineure, puis on la retrouve à des milliers de kilomètres, dans les régions extrêmes-orientales de l'Asie (4).

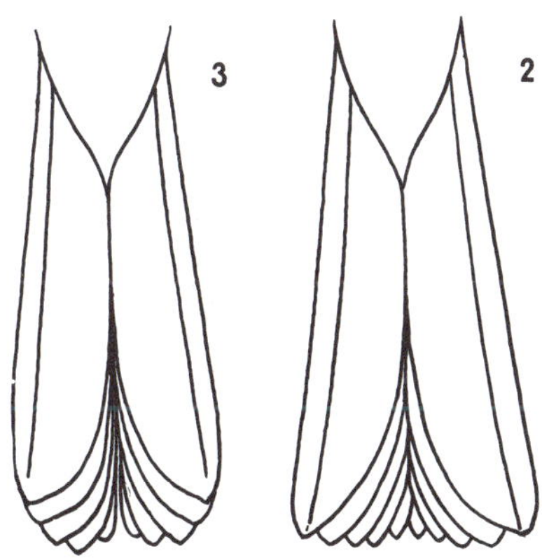

3 2

Mésange boréale (Mésange des saules, Mésange alpestre)

Paridés

Parus montanus

Paridae

La Mésange boréale est sans doute la plus répandue de toutes les mésanges. Ses variantes géographiques ne sont pas encore bien expliquées, mais partout elle forme quelques sous-espèces. En Amérique du Nord vit une espèce très semblable, *Parus atricapillus,* rangée par certains auteurs directement dans l'espèce *Parus montanus.* La Mésange boréale niche plus souvent que la nonnette dans les bois de résineux, dans la montagne elle monte souvent jusqu'à la limite des forêts, en outre elle affectionne les aulnaies et les terrains humides et fangeux, embroussaillés. Les liens matrimoniaux ne se rompent pas non plus à l'automne, chez la boréale, et les couples restent ensemble tout l'hiver, jusqu'au printemps. Alors la femelle se met à creuser elle-même la future demeure dans du bois tendre, tronc pourrissant, souche ou grosse branche. Comme elle n'est pas un aussi adroit charpentier que le pic ou le pivert, et du reste elle n'est pas munie d'un bec aussi bien adapté, ce travail d'approfondissement d'un trou d'arbre lui prend dix jours ou même plus. On retrouve facilement l'endroit où elle travaille, car tous les copeaux, elle les laisse sous le trou d'envol. Mais il lui arrive assez souvent de profiter d'un trou tout fait. Son nid a pratiquement la même construction que celui de la nonnette, et ses 7 à 9 œufs sont eux aussi semblables, tout comme le temps d'incubation. Les couples nichent une ou deux fois par an, en une période qui va d'avril à juin.

3

La Mésange boréale habite toute l'Europe sauf ses extrêmes pointes sud et nord, et il en va de même pour l'Asie (1). Elle ressemble fort à la nonnette. Elle s'en distingue cependant par la calotte noire mate et non brillante, qui s'étale sur le cou, presque jusqu'au dos. Sa tache noire sous le bec est aussi plus étendue. Elle a, sur l'aile, une bande claire formée par les bords clairs des rémiges et des plumes de couverture supérieures (2). Dans la nature, ces signes sont souvent insuffisants pour la reconnaître, et on y arrive mieux si l'on parvient à provoquer son cri d'appel: chez la nonnette, le cri

2

d'alarme est aigu et assez haut, une sorte de «pistie-tsie-» ou «psi-dédédédé», tandis que chez la boréale c'est un large «dé-dé-dé-» plus prolongé. La boréale est également sédentaire, seules les Mésanges boréales nordiques vagabondent assez loin vers le sud. Elle se distingue de la Mésange boréale d'Europe centrale par le dos gris, les joues et le dessous plus clair. Dans le nord vit également une mésange identique, mais un peu plus grande, *Parus cinctus* ou Mésange lapone, qui a la calotte brune et une grande tache sur le menton (3).

1

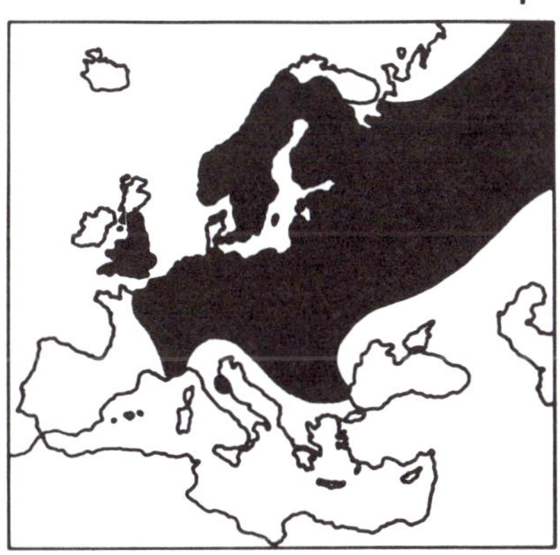

Mésange bleue Paridés
Parus caerulus *Paridae*

La Mésange bleue est un oiseau plein de vivacité, toujours en activité, et cela est porté à son comble au moment des grands rassemblements d'hiver. On la voit alors passer en revue toute crevasse dans l'écorce des arbres, la moindre petite branchette où l'oiseau se balance souvent tête en bas. A ce moment-là, la Mésange bleue mange non seulement des insectes mais diverses baies, et surtout des graines oléagineuses. La Mésange bleue vit dans les bois feuillus et mixtes, les parcs et jardins, les vergers et allées d'arbres longeant les chemins et étangs, bref partout où il y a à suffisance de vieux arbres à creux et trous divers. Elle accepte cependant aussi de s'installer dans un nichoir que le jardinier ou le forestier lui offre, d'autant plus volontiers qu'il sait combien cette mésange consomme d'insectes nuisibles — tout comme le font les autres paridés, d'ailleurs. La femelle étale un fond de mousse dans un trou, et au milieu elle fabrique un rond de poils et de plumes où elle se met à pondre. Ce n'est que lorsqu'il y a là 10 à 12, voire jusqu'à 16 œufs, que la ponte est achevée, et alors la femelle se met à couver. Les petits éclosent au bout de 12 à 14 jours, et les deux parents les nourissent avec beaucoup de zèle, au nid, pendant 16 à 18 jours. Les petits quittent alors leur trou, mais ils sont encore nourris durant quelques jours par leurs parents, qui bien vite se préparent à élever une deuxième nichée, qui ne sera cependant plus si nombreuse. En général, la Mésange bleue reste fidèle à un seul et même endroit et ne s'en va pas en hiver. Il est vrai que, à l'instar des autres mésanges, celle-ci n'est pas non plus adaptée à de longs vols de migration; ses ailes sont courtes, arrondies, et elle ne vole pas très bien. Elle n'aime pas non plus traverser de grands territoires ouverts sans suffisance d'endroits où se cacher. Ce n'est que les oiseaux nordiques qui, l'hiver venu, se rapprochent du sud. En fait, la Mésange bleue peut être caractérisée comme un oiseau partiellement migrateur.

La Mésange bleue séduit par son beau plumage où domine un bleu clair, splendide de ton. On remarque surtout sa calotte bleue, ses ailes et sa queue sont également de ce beau bleu. Et cette teinte contraste avec le ventre jaune, les joues blanches et le dos vert olive (1). Impossible de distinguer la femelle du mâle, tant ils sont semblables. Chez les jeunes, la calotte est plutôt de la même

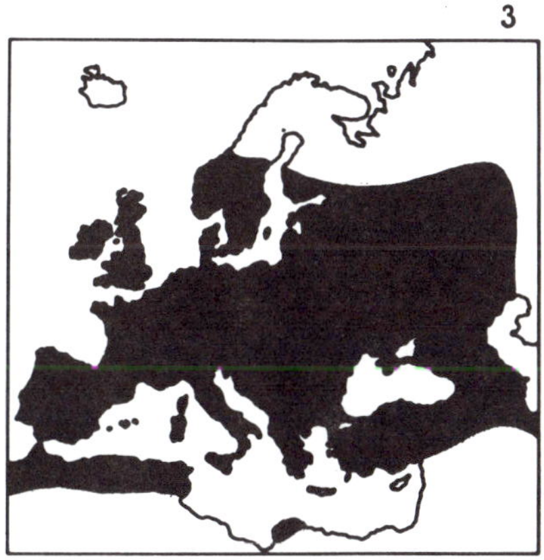

teinte vert olive que le dos, les parties blanches de la tête sont jaunâtres et le dessous est d'un jaune un peu sale (2). En hiver, c'est l'une des plus fidèles visiteuses des mangeoires mises à la disposition des oiseaux, en compagnie de la Mésange charbonnière.

L'aire géographique de répartition de la Mésange bleue couvre toute l'Europe, à l'exception de la Scandinavie septentrionale et des régions de l'extrême nord de l'U.R.S.S.; on la trouve également en Afrique, dans l'Atlas (3).

Mésange charbonnière

Parus major

Paridés

Paridae

La Mésange charbonnière est la plus connue et sans doute la préférée parmi toutes les mésanges. Elle vit pratiquement dans les mêmes lieux que la Mésange bleue, mais dans les parcs et les jardins du centre des villes elle est certainement plus fréquente. Dans la montagne, elle grimpe jusqu'à la limite des forêts. Elle ne quitte pas son pays en hiver, seules les Mésanges charbonnières des régions nordiques entreprennent des voyages assez grands pour que l'on puisse parler de migration. Leurs migrations de printemps, ou plutôt leurs vagabondages, se font de mars à avril, les déplacements d'automne se font en octobre. Dès le début du printemps, les bandes commencent à se défaire, et les Mésanges commencent à s'accoupler. Les femelles installent des nids dans des creux, et elles ne sont pas très difficiles dans leur choix, elles nichent tout aussi bien dans un trou de vieil arbre, de mur, dans un tuyau de fer, une boîte aux lettres, une vieille boîte de conserve jetée quelque part, voire une vieille chaussure. La Mésange charbonnière s'installe volontiers dans un nichoir mis à sa disposition. Elle le garnit alors d'une bonne couche de mousse où elle creuse un petit trou garni de poils, chaque jour on y verra apparaître un œuf blanc pointillé de rouge. Chaque fois qu'elle quitte le nichoir, la femelle cache soigneusement ses œufs. Elle se met à couver, une fois achevée la ponte de 8 à 10 pièces. Elle reste sur ses œufs très résolument durant 13 ou 14 jours, n'en bougeant pas, et le mâle lui apporte à manger. Les petits sautent hors du nid à l'âge de 15 ou 20 jours, alors qu'ils sont déjà capables de voler. Les parents les nourrissent encore un certain temps hors du nid, puis ils les abandonnent et se mettent à une deuxième couvée, mais cette fois ne dépassant pas 4 à 8 œufs.

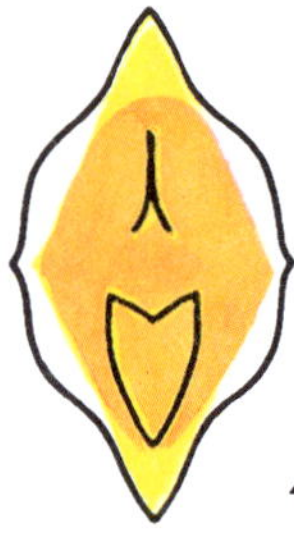

4

Dès les premiers signes avant-coureurs du printemps on peut entendre dans les bois, mais aussi dans les villes, se répéter des coups clairs, comme frappés sur une petite enclume, à n'en plus finir «tsitsibé, titidé, titipu, titipu . . .» C'est une Mésange mâle, la charbonnière, qui attire l'attention, car la saison des amours commence. A part cela, l'oiseau est habillé en grande cérémonie: de grandes taches blanches sur les joues, une tête d'un noir intense, avec des reflets bleutés. Une

forte raie noire médiane passe de la gorge à la poitrine et au ventre jusque sous la queue, séparant le champ jaune citron du dessous du corps. Le dos est d'un vert olivâtre, les ailes et la queue ont des reflets bleutés (1, 2). La femelle ressemble au mâle, mais elle s'en distingue par la raie du ventre, plus étroite et plus courte (3). Les jeunes ont des couleurs plus mates et la raie noire ventrale n'est qu'indiquée. L'intérieur du bec des oisillons est ocre-jaune (4). La patrie de la charbonnière est nettement plus vaste que celle de la Mésange bleue. Sous forme d'une trentaine de sous-espèces, elle est présente presque dans toute l'Europe, l'Asie et l'Afrique du Nord (5).

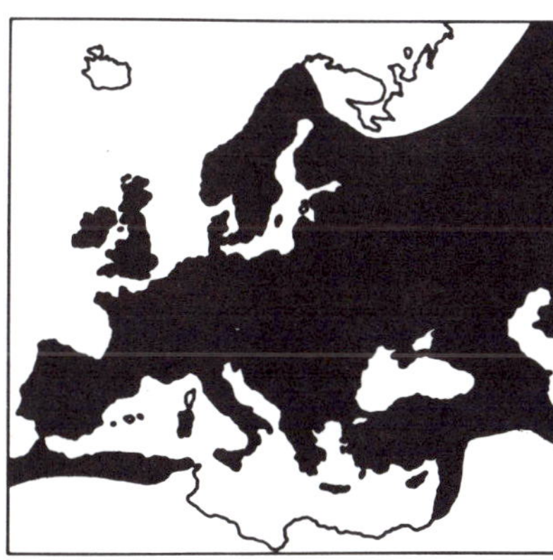

5

Mésange noire
Parus ater

Paridés
Paridae

La Mésange noire est typiquement une mésange de forêts de résineux, sapinières, pinèdes et bois d'épicéas. Lorsqu'elle habite une forêt mixte, elle s'installe toujours là où prédominent les conifères. Elle va haut dans la montagne, jusqu'à la limite des forêts. Dans les régions sud de sa répartition géographique, c'est un oiseau migrateur, mais les Mésanges noires nordiques ont une assez forte tendance au vagabondage qui commence en septembre et octobre, pour se terminer en mars et avril, prenant forme de migration régulière. Comme la plupart des autres mésanges, la Mésange noire niche dans les trous d'arbres, de murs, en terre, etc. Toutefois, les bois de résineux ne lui offrent pas autant de possibilités que les bois de feuillus, dans ce genre de forêt l'homme ne suspend pas autant de nichoirs, c'est pourquoi la Mésange noire, outre les trous d'arbre naturels, se satisfait d'une crevasse dans un rocher, un trou sous des racines, un petit terrier de rongeur, et niche aussi dans les combles des cabanes forestières. Il est évident que ces nids, surtout ceux qui sont dans le sol, sont souvent détruits, que ce soit directement par des ennemis naturels ou par de fortes pluies. Les couples nichent régulièrement deux fois chaque été. Le nid est très bien garni de mousse et de poils de bêtes, et tout le travail d'installation du nid et de la couvaison des 8 à 10 œufs repose sur la femelle seule. Ces œufs sont semblables à ceux des autres mésanges, et les petits éclosent au bout de 14 à 15 jours. Ensuite le nourrissage au nid prend 16 ou 17 jours, mais les parents les nourrissent encore un certain temps en dehors du nid. La Mésange noire se range parmi les oiseaux les plus utiles par la grande consommation qu'elle fait d'insectes nuisibles. En hiver, une grande part de son alimentation devient végétale, surtout les graines de divers arbres à aiguilles. Le mâle attire l'attention, dans la couronne épaisse des résineux, en répétant fréquemment son chant assez simple, quelque chose comme «vidi, vidi, vidi» ressassé sur un ton monotone.

A première vue, la Mésange noire ressemble à la Charbonnière. Un examen plus détaillé nous fera bientôt constater la différence. Le mâle et la femelle ont la tête, le cou et la poitrine de couleur noire, c'est sur le visage et les oreilles seulement que de grandes taches blanches apparaissent, partant des commissures pour s'élargir et arriver au cou. Il y a une autre tache blanche sur la nuque. Le dessous est blanc-gris, le dos est gris bleuté (1). Les jeunes sont identiques aux adultes, mais toutes leurs couleurs sont plus mates, le noir, chez eux, est plutôt du marron.

La Mésange noire est répartie sur toute l'Europe, une grande partie de l'Asie et les forêts de montagne dans les régions de l'Atlas en Afrique du Nord (2).

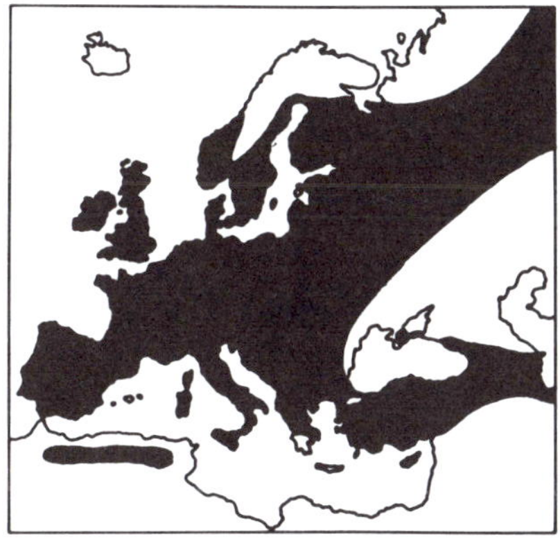

2

1

Sittelle torchepot
Sitta europaea

La Sittelle torchepot est un oiseau qui étonne par beaucoup d'aspects de sa vie. Elle grimpe sur les arbres avec une facilité surprenante, tout aussi bien vers le haut que vers le bas, latéralement, tête en bas aussi bien qu'en l'air — ce que les pics et grimpereaux ne sont pas capables de faire. Son instinct de bâtisseur est certes l'une de ses qualités particulières. Elle niche dans un trou d'arbre, mais arrange le trou d'envol pour qu'il soit juste à sa taille. Pour ce faire, elle maçonne l'entrée avec un mortier de terre et de salive, pour qu'elle seule puisse y passer. Si elle adopte un nichoir qu'on lui a offert, ce qui arrive assez souvent, elle calfeutre soigneusement toutes les fissures du toit ou des parois. Quand le mortier est sec, on y voit très bien les petits coups de bec. Presque tout le travail de maçonnerie est exécuté par la femelle, c'est elle aussi, mais aidée par le mâle, qui apporte dans le trou choisi et préparé les matériaux nécessaires à l'établissement d'un nid. Ce sont presque uniquement de fines écailles d'écorce de pin (jusqu'à 2.500) et dans les forêts de feuillus, des feuilles sèches. Mais si la Sittelle peut rencontrer à sa portée ne fût-ce qu'un seul pin, c'est toujours l'écorce de cet arbre qu'elle choisira comme matériau pour son nid. Dans un douillet renfoncement au creux de toutes ces écailles, gisent 6 à 8 œufs blancs avec de petites taches rousses. La femelle les couve seule pendant 15 à 18 jours, et le mâle ne commence à l'aider qu'au moment du nourrissage. Les petits, si on fait la comparaison avec des petits d'autres chanteurs de même taille, croissent très lentement, et ils ne sortent de leur trou qu'à l'âge de 24 jours. Les parents en prennent encore soin après leur envol du nid, si bien qu'ils n'ont plus le temps de s'occuper d'une deuxième couvée. La Sittelle torchepot est répandue sur une grande partie de l'Europe sauf les régions septentrionales de la Scandinavie, de l'Asie, et est présente également dans les plateaux de l'Atlas au nord-ouest de l'Afrique. Elle affectionne les bois feuillus et mixtes, les parcs, les jardins, et les allées bordées de vieux arbres à feuilles caduques.

3

Le mâle et la femelle ont le manteau gris-bleu, le dessous roussâtre, et une bande noire s'étire de part et d'autre de l'œil. Chez les jeunes, ce noir est plutôt marron. La Sittelle est un oiseau sédentaire, d'une fidélité rigoureuse à son lieu natal dont elle ne s'éloigne guère, même en hiver. Les oiseaux dorment

En Amérique du Nord, dans les forêts semper virens, vivent également quelques espèces de sittelles comme la *Sitta canadensis* (3), la *Sitta carolinensis,* la *Sitta pusilla,* qui ne diffèrent guère, par leur mode de vie, de la Sittelle torchepot.

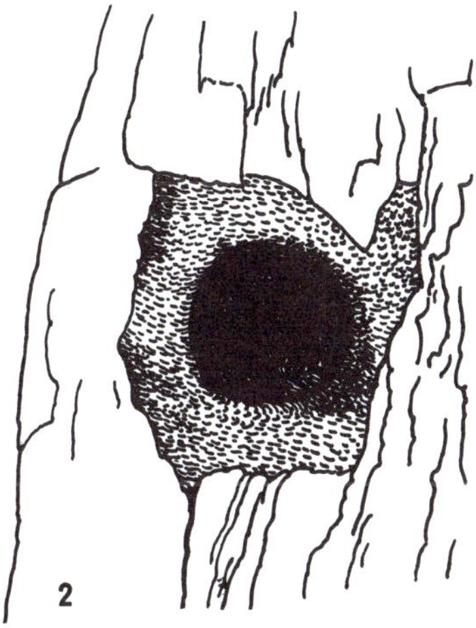

2

certes dans des creux et trous divers, mais il est intéressant de noter que mâle et femelle font chambre à part. (L'ill. 2 montre l'entrée du creux). Dès le début du printemps, le mâle attire l'attention de sa voix bruyante, et à grands coups de sifflet il délimite son territoire. De la sous-espèce d'Europe centrale, *Sitta europaea caesia* (1), se différencie quelque peu la Sittelle des rochers *(Sitta europaea europaea)* par un dessous blanc, et exceptionnellement des flancs châtains.

1

Grimpereau des bois
Certhia familiaris

Grimpereaux
Certhiidae

Le Grimpereau des bois est parfaitement adapté pour grimper tout au long de l'écorce des arbres. Il ne peut pas le faire la tête en bas, comme la Sittelle, mais il peut très bien s'agripper à l'écorce grâce à ses longues griffes aiguës et aux tubes cornés très rigides des plumes de la queue, sur laquelle l'oiseau peut prendre appui comme le fait le pic. Le Grimpereau des bois est présent sur une grande surface du monde: il couvre non seulement l'Europe et l'Asie, mais aussi l'Amérique du Nord, depuis le Canada jusqu'au Mexique. Il donne la préférence aux bois de conifères et aux forêts mixtes, et il est plus rarement rencontré dans les bois de feuillus. Là, il ne vit pas seulement à l'orée, mais aussi dans les profondeurs. Le Grimpereau des bois n'est pas à proprement parler un oiseau qui niche dans les trous, mais plutôt dans les semi-creux, les renfoncements. Il installe le plus souvent son nid dans une fissure d'arbre, une plaque d'écorce à moitié détachée, voire dans du bois coupé et empilé. Le nid, pour un si petit oiseau, est relativement volumineux, caractérisé par une grande quantité de petites brindilles sèches, souvent d'épicéa, assemblées librement dans l'espace à moitié creux choisi par l'oiseau. Ce tas de brindilles peut atteindre 40 cm de haut. C'est à son sommet que le véritable nid est installé, avec des herbes sèches, des lamelles de liber, des plumes, des poils et des toiles d'araignées. La femelle y pond 5 à 7 œufs et les couve seule. Après l'éclosion, le nourrissage au nid dure à peu près 16 jours, qui s'ajoutent aux 13 à 15 jours de couvaison. Dès le mois de juin ou de juillet, la femelle se remet à couver, mais cette fois le nombre d'œufs est moins élevé. Le Grimpereau des bois, tout comme le Grimpereau des jardins, est un oiseau sédentaire. L'hiver, il se joint aux grandes bandes de mésanges, pour vagabonder dans le pays.

2

Le Grimpereau des bois est un mince petit oiseau à long bec légèrement recourbé en arc. Son plumage s'harmonise parfaitement avec les couleurs des arbres, et sur un tronc il ne se distingue pas de l'écorce. Il a le dos couvert de petites hachures claires et sombres sur un fond brun, le dessous est presque blanc et le sourcil clair bien visible (1). Il n'y a aucune différence de

3

Les œufs sont blancs, brillants, avec de petites taches rouges autour du gros bout (2).

Passant en revue l'écorce d'un arbre pour y picorer, le Grimpereau des bois commence toujours par le bas du tronc, et grimpe en remontant en spirale. Arrivé en haut, il s'envole pour atterrir au pied de l'arbre voisin, et recommence son ascension à petits sauts saccadés (3).

coloration entre les deux sexes, les jeunes ont le dessous d'un blanc jaunâtre, et sur leur dos les taches sont plus serrées, mais moins marquées. Chez l'adulte, le bec est plus court que celui du Grimpereau des jardins, qui lui ressemble fort, par contre la griffe de son doigt postérieur est très longue (8 — 10 mm), en général plus longue que le doigt postérieur, et moins recourbée.

1

Grimpereau des jardins
Certhia brachydactyla

Le Grimpereau des jardins occupe un biotope quelque peu différent de celui du Grimpereau des bois. S'il habite également l'orée des bois feuillus et mixtes (il ne pénètre pas à l'intérieur des complexes forestiers), il donne la préférence aux paysages à caractère de parc, donc plutôt aux bocages, parcs, jardins et allées bordées de vieux arbres. A part cela, son mode de vie correspond à peu près à celui du Grimpereau des bois. Il grimpe tout aussi adroitement le long des troncs d'arbre, et son alimentation est la même. Il se nourrit presque exclusivement de petites bêtes. Son bec, mince et long, pénètre bien dans les fentes et crevasses de l'écorce pour en retirer toutes sortes d'insectes, larves, œufs, cocons, araignées. Ce n'est que s'il manque de cette nourriture, en hiver, qu'il recherchera une alimentation végétale, surtout de petites graines. La nidification des deux espèces de grimpereaux est, elle aussi, similaire, il est presque impossible de distinguer un nid de l'autre, et ils sont souvent dans une position instable, supportés par exemple par un bout d'écorce qui se détache; et on craint, en y touchant pour les examiner, de tout faire tomber. Les œufs, eux, accusent une petite différence — les taches rouges, sur le fond blanc, sont plus grandes, plus nombreuses, et l'écaille est mate. La femelle pond 5 à 7 petits œufs qu'elle couve seule. Au bout de 16 jours de nourrissage au nid par les deux parents, les petits s'envolent. Presque tous les couples nichent deux fois par saison.

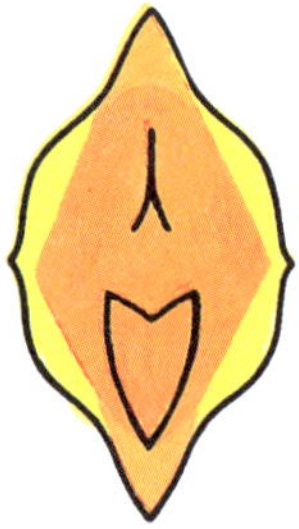

4

Le Grimpereau des jardins ressemble fort à son proche parent, le Grimpereau des bois. On le reconnaîtra cependant à quelques caractères, pas trop marqués. Son dos est plutôt gris-brun, le brun sous les ailes atteint le ventre. Le bec est plus long, tandis que la griffe du doigt postérieur, au contraire, est plus courte (6 à 7,5 mm) et plus fortement recourbée (1). Un caractère important, mais qui n'apparaîtra que si l'on prend l'oiseau en main, c'est une tache sombre à la face interne de l'aile, à la racine de la première rémige (2). (L'ill. 3 montre l'aile du Grimpereau des bois). Ces signes, pour déterminer un oiseau dans la nature, sont en général insuffisants. Mieux vaut se reporter à la différence dans le chant:

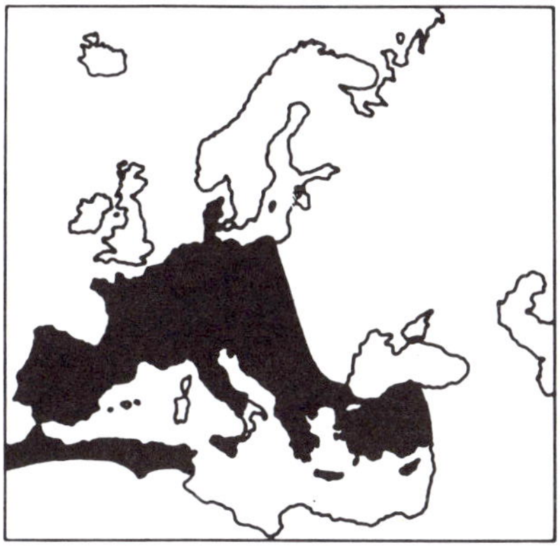

5

Le Grimpereau des jardins habite des territoires moins vastes que le Grimpereau des bois, limités à l'Europe centrale, méridionale et occidentale, à l'Afrique du Nord et à l'Asie Mineure (5).

chez le Grimpereau des jardins, les strophes sont plus brèves, et donnent quelque chose comme «ti, ti titeroïti», tandis que le chant du Grimpereau des bois est un peu plus prolongé, et se termine sur des trilles qui rappelent ceux de la Mésange bleue. Même si ces différences dans le chant sont assez grandes, seul un bon connaisseur s'y retrouvera, et il est recommandé aux débutants de se faire accompagner d'un spécialiste qui leur apprendra aisément à faire la distinction.

L'intérieur du bec des jeunes oiseaux est orange vif, aux coins jaunes (4).

3

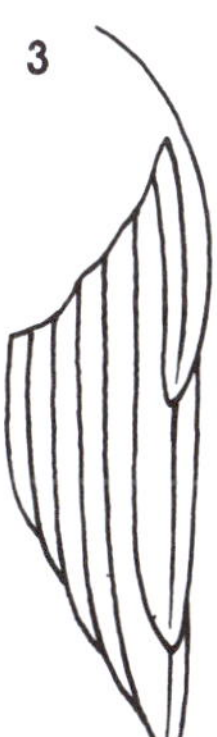

2

1

Bruant proyer Fringillidés
Emberiza calandra *Fringillidae*

Si, du haut d'un arbre isolé, d'un fil électrique ou de tout autre perchoir dans des prés humides ou au bord d'un champ, nous entendons un assez gros oiseau chanter et gazouiller comme une alouette, s'il est coloré et plus gros qu'un moineau, c'est probablement un Bruant proyer. Cet oiseau choisit de préférence les plateaux et les plaines, à une altitude de quelque 400 mètres le plus souvent. Les mâles se mettent à chanter dès le mois de mars et en avril, en attendant leur femelle, qui regagne un peu plus tard les lieux de nidification. Bientôt la femelle cherche un renfoncement dans le sol d'une prairie, d'un champ de trèfle ou en bordure de champ, et elle y installe un nid de brins et de feuilles d'herbes, de racines et de poils. Elle y pond 4 à 5 œufs qu'elle couve de 12 à 14 jours. Pendant les quatre premiers jours après l'éclosion, la femelle nourrit seule ses petits, puis le mâle commence à lui venir en aide dans cette tâche. Les jeunes s'éparpillent hors du nid à l'âge de 9 à 12 jours, alors qu'ils ne savent pas encore voler, et les parents continuent à leur apporter la nourriture, parmi les plantes environnantes où les petits se cachent. Le Bruant proyer manifeste parfois un penchant pour la polygamie. Certains couples nichant une deuxième fois, la saison de nidification dure jusqu'au mois de juin. La nourriture du Bruant proyer se compose, pour les trois-quarts, d'éléments végétaux, surtout des semences de diverses graminées, herbe et froment, mais aussi de verdure. Les jeunes sont toutefois nourris d'insectes et autres petites bestioles. Le Bruant proyer habite toute l'Europe depuis le sud de la Scandinavie, il va aussi jusqu'en Afrique du Nord, en Asie Mineure et centrale. C'est un oiseau surtout sédentaire, seuls les habitants des régions septentrionales se rassemblent en grandes bandes et effectuent des migrations vers le Sud et le centre de l'Europe. L'hiver venu, le Bruant proyer se joint au Bruant jaune, pour former de grandes bandes. Si l'une des bandes ainsi formées vient à se poser sur un arbre, au sommet se poseront les Bruants proyers, et sur les branches du bas les Venturons montagnards.

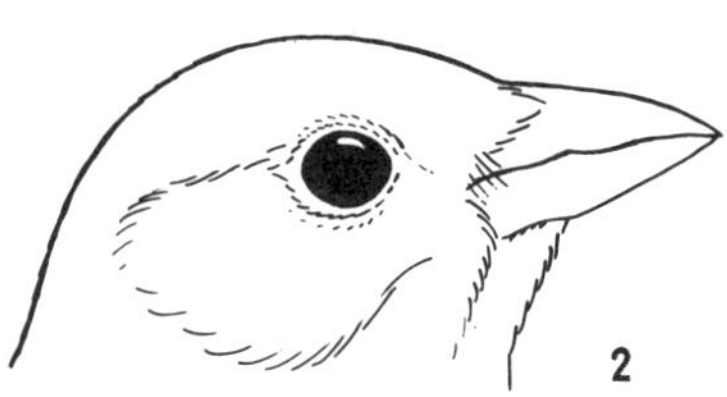

2

Le Bruant proyer est un oiseau assez terne, plus sombre au-dessus, plus clair en dessous, gris-brun avec de nombreuses taches longitudinales en brun foncé (1). La femelle a le même coloris que le mâle, ce qui est une exception chez les bruants.

4

La construction du bec est caractéristique (elle l'est pour tous les bruants): fort, conique, bord de la mandibule supérieure recourbé en dedans, à la mandibule supérieure une dent qui s'emboîte dans une encoche de la mandibule inférieure (2). Ce dispositif aide à maintenir et à broyer les graines dures. Les œufs, sur un fond rougeâtre, ont d'assez grandes taches sombres et, ce qui est commun à tous les œufs de bruants, des traits vermiculés fins comme des cheveux (3). L'oiseau a un air assez maladroit, il se meut souvent au sol en agitant la queue. Quand il se pose, il avance nettement les pattes (4). Son chant est un mélange de cris grinçants comme «tsik, tsik, tsik, schnirlrlrl».

1

3

Bruant jaune
Emberiza citrinella

Fringillidés
Fringillidae

Le Bruant jaune est un oiseau rencontré couramment dans les prés et les champs avec des boqueteaux d'arbres ou d'arbustes disséminés, dans les breuils, les orées et les clairières de forêts, des jardins et des parcs, même tout près des villages et des villes. D'avril à août on peut le voir, perché sur un arbre, au sommet d'un buisson, d'un poteau télégraphique ou sur un fil, voire tout simplement sur une borne ou une motte de terre — et il chante. A cette saison-là, il niche dans l'Europe entière, sauf dans ses extrêmes nord ou sud, et en Sibérie occidentale. Il a des territoires de nidification isolés, dans les régions du Caucase. Dès le mois d'avril, les mâles ont délimité et occupé leur territoire de nidification, et ils le défendent âprement. Il existe peu d'oiseaux aussi intolérants que le bruant. La femelle bâtit le nid toute seule, le plus souvent sous une touffe d'herbe pendante, sous une borne ou sous un buisson. On connaît cependant des nids assez haut placés dans les buissons, ou même dans les arbres. La couvée compte 4 à 5 œufs à coquille à fond blanc grisâtre ou rosâtre, couverts de veinules et de traits noirs, bruns ou violets. Les deux oiseaux couvent pendant 12 à 14 jours, et c'est ensemble également qu'ils nourrissent pendant le même temps à peu près les petits au nid. Quand ceux-ci sont devenus indépendants, les parents nichent une deuxième fois, et d'après des couvées découvertes en juillet ou même en août, il n'est pas exclu que des couples élèvent trois couvées par saison. L'alimentation est la même que chez le Bruant proyer. Les bruants du nord ou du nord-est de l'Europe hivernent en Europe centrale ou méridionale, et pour peu que l'on puisse parler de migrations, celle de printemps se fait en mars et avril, celle d'automne en octobre et novembre. En hiver, il se joint à d'autres granivores pour former de grandes bandes — Verdiers, Moineaux, Pinsons du Nord et Pinsons des arbres, Linottes, Chardonnerets et Bruants proyers. Ces bandes hivernales se désagrègent dès la fin du mois de février, on peut alors déjà entendre le chant des mâles, qui se termine par une note plus aiguë et appuyée: «tsi, tsi, tsi, tsi».

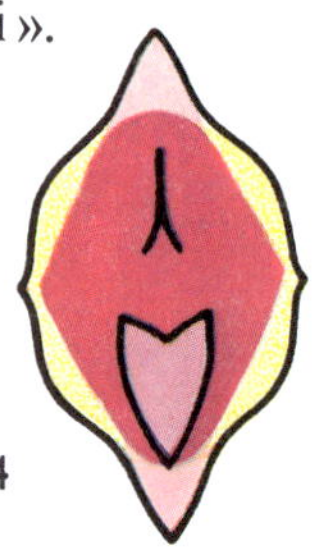

4

Le Bruant jaune est un oiseau peu farouche, il se laisse souvent approcher à quelques mètres. Il sautille au sol, et entre deux bonds il exécute quelques pas en tenant le corps horizontal. Il hoche souvent la queue et hérisse de temps à

autre les plumes de sa tête, comme une huppe. Le mâle adulte, en plumage nuptial, a la tête d'un beau jaune avec un dessin brun, le ventre jaune, la poitrine et le croupion roux, les ailes brun foncé ainsi que la queue et le dos, qui est de plus couvert de taches sombres longitudinales (1). La femelle n'a pas de couleurs si vives, elle est plutôt jaune-brun, et elle est plus tachetée sur la poitrine et la tête (2). L'été, le plumage du mâle et de la femelle pâlit, les jeunes sont semblables à la femelle, mais plus nettement marqués de taches longitudinales sur tout le dessous du corps.

Le nid est fait de brins d'herbes sèches, de racines, de fins rameaux et parfois aussi de feuilles, et sur ce fond la femelle creuse soigneusement un trou qu'elle garnit d'herbes plus fines et de crin (3).

L'intérieur du bec des oisillons est rouge sale avec des coins jaunâtres (4).

Bruant ortolan — Fringillidés
Emberiza hortulana — *Fringillidae*

Le Bruant ortolan est un oiseau peu farouche, plein de douceur. Même son territoire de nidification n'est pas défendu avec autant d'âpreté que celui du Bruant jaune. Le chant de l'ortolan ressemble à celui du Bruant jaune, mais sa tirade ne se compose que de trois ou quatre sons, dont le dernier retombe, si bien que tout le chant semble mélancolique: «ti, ti, ti — tié». Le Bruant ortolan a reçu, dans bien des langues, le nom de «Bruant des jardins», traduction littérale de son nom d'espèce en latin: *hortulana.* Ce nom ne le caractérise pas bien, car il ne nidifie pas dans les jardins, dans le meilleur des cas il ne le fait que dans les vergers ou les vignobles. Il se plaît dans les régions de collines légèrement ondulées, avec de vastes champs où croissent quelques arbres ou buissons isolés, l'orée des bois clairs avoisinant les champs, les versants secs et chauds, pierreux et embroussaillés, et il reste très volontiers dans les allées d'arbres bordant les routes et les chemins. Le nid se trouve ordinairement dans un renfoncement du sol. Il se compose de fines racines, bribes de feuilles, tiges d'herbes et autres plantes herbacées, et il est douillettement matelassé d'un matériau végétal très fin, crin et poils. La femelle seule se charge de la couvaison de ses 4 ou 5 œufs, ce qui dure de 11 à 13 jours. Ces œufs ont un fond blanchâtre ou rosâtre avec de rares taches brun-noir, ainsi que de petits points, filets et traits. Les oisillons quittent le nid après avoir été nourris par leurs deux parents pendant onze à treize jours. Quelques couples nichent une deuxième fois. L'alimentation des jeunes et des adultes est la même que celle du Bruant proyer. La saison des nids terminée, les ortolans se rassemblent en petites bandes qui, en août et en septembre, s'en vont rejoindre leurs quartiers d'hiver en Afrique ou en Arabie. Ils reviennent en leur pays natal à la fin du mois d'avril et en mai. Il faut noter qu'aujourd'hui, l'ortolan disparaît de nombreux endroits d'Europe. Cela est certainement dû à la culture industrialisée, qui supprime les boqueteaux disséminés, et à l'utilisation de nombreux pesticides.

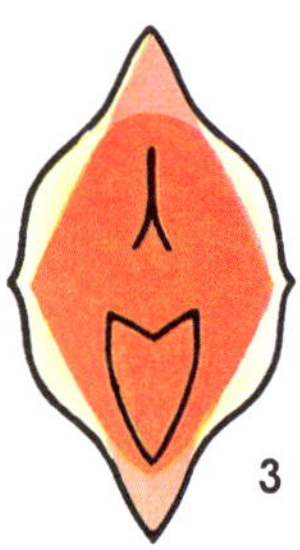

3

Le Bruant ortolan est un peu plus petit que le Bruant jaune. Le mâle a la tête gris-vert, ainsi que la nuque et la poitrine, et une grande tache jaune sur la gorge, divisée par des moustaches grises s'étirant depuis les commissures du bec.

Le dessous est cannelle, les ailes, la queue et le dos brun tacheté de sombre. Le bec tire sur le rouge, autour des yeux un mince cercle jaune (1). La femelle a des teintes plus pâles, elle a la poitrine tachetée en long, mais chez elle aussi la poitrine jaune est bordée de taches sombres, elle a une moustache grise et des cercles clairs autour des yeux (2). Le plumage des jeunes est semblable à celui des femelles. Les petits au nid ont l'intérieur du bec rouge orange, et une bordure jaune (3).

Le Bruant ortolan n'est apparu en Europe qu'au XVIIe siècle. De nos jours, il habite le continent entier, sauf les parties septentrionales de l'Union Soviétique et les îles Britanniques, mais en beaucoup d'endroits il est très éparpillé. On le rencontre également en Asie occidentale et en Asie centrale (4).

4

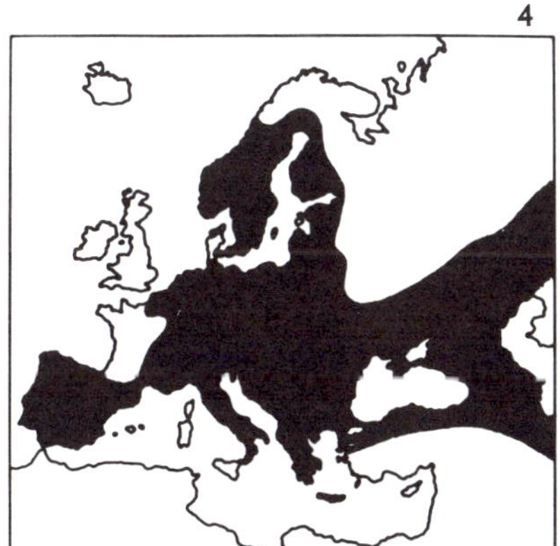

Bruant des roseaux
Emberiza schoeniclus

Fringillidés
Fringillidae

Le Bruant des roseaux a un biotope un peu différent de celui des autres bruants. Il affectionne les berges détrempées des étangs, rivières, surtout leurs bras morts envahis de roseaux, laîches, carex ou autres plantes vivaces du bord des eaux, les prairies humides avec des bouquets de saules, ou encore les tourbières. La femelle y recherche une petite place sèche où elle se met à apporter des brins et des feuilles d'herbe sèche, des bribes de feuilles de roseaux, de la mousse, puis elle en tisse un nid qu'elle garnit d'herbe et de poil de bêtes. Le plus souvent, ce nid est déposé au sol ou installé bas dans la végétation, toujours très bien caché sous des herbes pendantes, une touffe de laîche, des roseaux brisés ou un buisson de saule. On connaît cependant des nids découverts assez loin de l'eau, dans des orties, de la luzerne, etc. La première couvaison d'avril, la deuxième de juin à juillet, comptent de 4 à 6 œufs qui ont les dessins caractéristiques des bruants sur un fond très variable. La femelle les couve presque toujours seule, et tandis qu'elle reste dans le nid, le mâle reste à proximité. Cela dure de 12 à 14 jours. Les jeunes sont nourris par leurs deux parents durant 11 à 13 jours. Quand ils quittent le nid, ils restent dans les environs, sautillant dans l'herbe ou parmi les roseaux où ils se cachent. Leurs parents leur récoltent entre les plantes, sur le sol ou même directement dans l'eau, de petits mollusques, divers crustacés et insectes. Plus tard ils y adjoignent des semences de plantes. Le Bruant des roseaux est un oiseau agité, il aime se poser sur une hampe de roseau, une plante un peu haute ou au sommet d'un arbuste, et il hoche la queue à tout instant, la déployant et la refermant. Son chant est identique à celui de tous les bruants, mais il est lent, et s'étire en longueur: «tsia — tit — taï — tsississ».

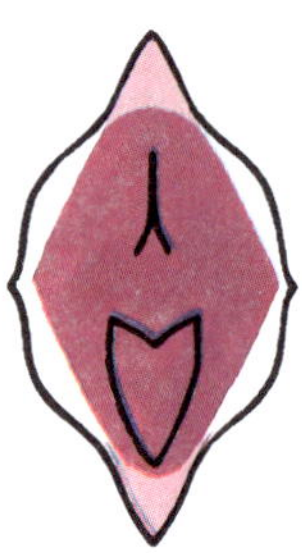

3

Au printemps, le mâle adulte a une tête noire, divisée par des moustaches blanches, du menton noir et de la gorge. Sous ce capuchon noir, un col blanc encercle le cou, tout le dessous du corps est également blanc, seuls les flancs ont de petites rayures disséminées. Sur le dos, les ailes et la queue, prédominent le brun et le noir (1). La femelle a la tête brunâtre avec des taches plus sombres, ses

moustaches sont jaunâtres et sur les deux côtés de la gorge s'étirent des bandes brun foncé; le ventre est tacheté (2). Les jeunes ressemblent à la femelle.
A l'automne, le mâle perd la teinte noire de sa tête et de sa gorge, qui deviennent tachetées brun-gris, comme chez la femelle et chez ses descendants. Les oisillons au nid ont l'intérieur du bec rouge carmin avec les coins blanchâtres (3). Le Bruant des roseaux habite toute l'Europe et la plus grande partie de l'Asie (4). Les oiseaux vivant dans le sud sont sédentaires, les nordiques comme ceux du nord-est, et la plus grande partie de ceux qui vivent en Europe centrale, s'envolent vers la Méditerranée au mois d'octobre. Ils reviennent sur leurs lieux de nidification dès le mois de mars.

4

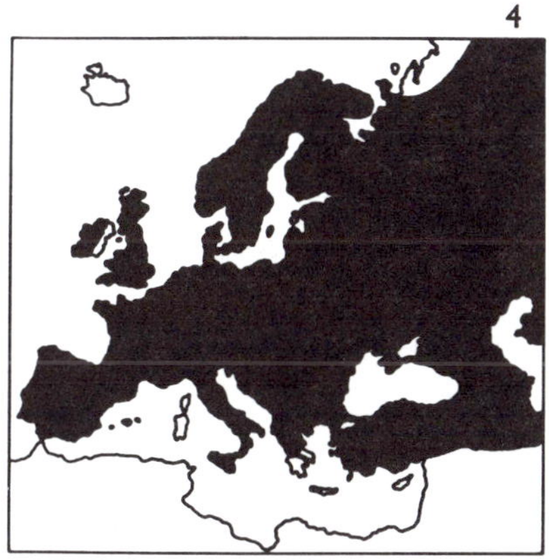

Pinson des arbres *Fringilla coelebs*

Fringillidés *Fringillidae*

En général, les pinsons sont des oiseaux migrateurs, il en est cependant beaucoup qui passent l'hiver en leurs lieux de nidification. Ce sont surtout des mâles, ce qu'avait déjà constaté Linné, et c'est pourquoi il donna à ces oiseaux le nom scientifique de *coelebs* ou «veufs». Les lieux d'hivernage des pinsons se trouvent en Europe méridionale et occidentale. Leur migration de printemps se fait en mars et en avril, celle d'automne en septembre et octobre. Les bandes sont le plus souvent réparties selon les sexes, et les mâles arrivent un peu en avance. Aussitôt sur place ils élisent leur territoire, et le marquent avec beaucoup d'ardeur en chantant — ce que les oiseaux sédentaires font dès le mois de février. Dès les accordailles, la femelle cherche un endroit approprié pour y installer son nid, qui sera l'une des plus jolies constructions du monde des oiseaux. Il est très solidement tissé de mousse et d'herbes fines, dissimulé à l'extérieur par des lichens de l'arbre sur lequel il est placé, puis aussi de cocons d'insectes et de toiles d'araignée, ce qui le rend presque invisible. Dans le creux, une molle couche de poils, crins et petites plumes de duvet. Le Pinson niche deux fois par an. Pour la deuxième couvaison, il construit normalement un deuxième nid, mais il arrive que la famille reste dans le même, surtout si elle n'a pas été dérangée au cours de la première nidification. Les 4 ou 6 œufs d'une couvée sont de deux types en ce qui concerne la couleur: rougeâtres, ou d'un vert tirant sur le bleu, parsemés de grandes taches brun-rouge qui souvent ont le bord peu net et des lignes et veinules allant dans toutes sortes de directions. La couvaison incombe à la femelle seule. Les petits Pinsons éclosent au bout de 12 à 13 jours et quittent leur nid familial une quinzaine de jours après leur naissance. Le Pinson est réparti en Europe jusqu'en Sibérie occidentale, en Asie centrale, en Afrique du Nord. Il vit partout où il y a des arbres et des buissons, parcs, jardins, breuils ou forêts, et n'évite ni les villages ni les villes.

2 ♂

Le Pinson des arbres est un oiseau très confiant, surtout dans les villes où il a pris l'habitude d'être nourri. Il se déplace au sol par petits pas, et de rares petits sauts, il a un vol onduleux et rapide. En plumage nuptial le mâle a la tête et le cou gris-bleu, le dos brun-roux et le croupion

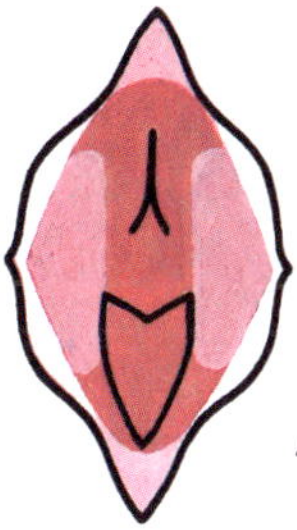
4

vert mousse, le ventre brunâtre avec des reflets vineux; il a aussi deux bandes blanches sur les ailes, une large et une étroite et également une bande blanche très nette sur les deux rectrices extérieures (1). En automne, après la mue, le mâle a la tête brune (2), mais au printemps le bord brun des plumes de couverture se brise, et ce sont les plumes centrales grises qui apparaissent, si bien que la tête se teinte en gris-bleu.

La femelle n'a pas de couleurs si vives, elle est plutôt toute gris-brun (3) et le plumage des jeunes est de cette même couleur. L'intérieur du bec des oisillons est rouge carminé, de couleur encore plus soutenue vers le centre et les coins blanchâtres (4). L'alimentation du Pinson est pour les trois quarts végétale, avec surtout des graines, et le reste est fourni par des insectes chassés à l'époque du nourrissage des petits.

Pinson du Nord Fringillidés
Fringilla montifringilla *Fringillidae*

Chaque année, vers le début d'octobre, de grands vols de Pinsons du Nord entreprennent le long voyage de leur patrie nordique vers le sud. Les oiseaux vont hiverner en Europe centrale et méridionale. Parfois il en arrive assez peu, d'autres fois ce sont des nuées de milliers d'oiseaux. Avec d'autres fringillidés, les Pinsons du Nord d'abattent alors alors sur les champs, les prairies, les friches, les décharges, les remblais, où ils picorent les semences d'herbes folles, les graines de céréales, mais ils mangent aussi des graines de bouleau, d'aulne et certaines baies. Ils recherchent volontiers les hêtraies, car ils sont friands de faines. En mars et avril, ils regagnent le nord, où ils nichent dans des bois de bouleaux, ou dans des bois de résineux mêlés de feuillus. D'ordinaire, le nid est calé à une enfourchure de branche, il est fait de mousse et de fins brins d'herbe, avec des poils et des plumes dans le creux. L'extérieur du nid, comme celui du Pinson des arbres, est camouflé avec du lichen de l'arbre sur lequel il est installé. Tout le travail de construction du nid et de couvaison des 4 à 7 œufs, semblables à ceux du Pinson des arbres, retombe sur la femelle seule. Les jeunes sortent des œufs au bout de 14 jours, et alors leur père aide la femelle à les nourrir. Les deux parents apportent surtout des insectes à leurs petits, car c'est la principale nourriture des jeunes, mais eux aussi en font une grande consommation à ce moment-là. Dans les conditions climatiques du nord, ce Pinson ne peut élever qu'une seule couvée par saison. A la fin de cette saison des nids, les Pinsons se réunissent en famille aux autres, et tous ces fringillidés se remettent à vivre en grandes bandes.

3

Le mâle adulte a la tête noire, brillante, ainsi que son dos jusqu'à la partie centrale, la poitrine et les épaules sont brun-jaune tirant sur l'orange, le ventre et le croupion sont blancs (1). Les ailes, traversées de deux bandes blanches, sont d'un brun-noir ainsi que la queue. Seule la première plume rectrice extérieure est marquée d'une bande blanche moins apparente. Après la mue, quand il n'a pas son plumage nuptial, le mâle a la tête d'un noir homogène et le dos agrémenté de bords gris et bruns à chaque plume,

si bien qu'en cette saison il ressemble fort à sa femelle. Mais on reconnaît toutefois celle-ci à ce que le sommet du crâne et la nuque sont, chez elle, plus tachetés et plus bruns, et elle a les côtés de la tête et le cou gris (2). Le Pinson du Nord est différent du Pinson des arbres quant à la couleur, mais il lui ressemble fort dans son mode d'alimentation, dans ses mouvements, dans toute son attitude. Même en vol, les deux oiseaux se ressemblent, mais on reconnaîtra alors le Pinson du Nord à son croupion blanc luisant.

Le Pinson du Nord est un habitant de tout le nord de l'Europe et de l'Asie, occupant depuis le centre de la Suède et les États baltes, une longue bande allant jusqu'au Kamtchatka (3).

Serin cini

Serinus serinus

Fringillidés

Fringillidae

Le biotope du Serin cini recouvre les vastes paysages à caractère de parc, les terrains ouverts avec des bosquets, des breuils, des allées bordées d'arbres, des cours d'eau aux rives embroussaillées, mais il peut vivre aussi à l'orée des forêts, et il recherche volontiers les parcs, jardins et cimetières. A la fin du mois de mars ou en avril, dès qu'il réapparaît sur ses lieux de nidification, le Serin cini mâle, posé sur un point élevé, fil télégraphique ou sommet d'arbre, se met à chanter éperdument. Il chante très longtemps tout en se tortillant à gauche, à droite, ce qui le fait ressembler à un jouet mécanique à ressort. Il lance souvent un chant grinçant en cours de vol nuptial, en montant dans les hauteurs et en battant des ailes à la façon des chauves-souris. Tout de suite après les accordailles la femelle recherche, sur un arbre ou un buisson, un endroit convenable pour y bâtir son nid, qu'elle tisse avec de fines racines, des tiges d'herbe, des lanières d'aubier et des lichens. Elle garnit le creux de ce joli nid, avec de la laine végétale, des poils et des plumes, et elle le fait si bien qu'il sera difficile dans la suite d'y voir ses 3 à 5 petits œufs bleuâtres, parsemés de quelques rares petites taches rousses. Elle couve seule durant 11 à 13 jours, mais une fois les petits éclos, le mâle l'aidera au nourrissage. A l'encontre de ce que font les autres chanteurs, les parents n'avalent ni n'emportent les fientes des oisillons, si bien que celles-ci restent au bord du nid. C'est une bonne indication pour reconnaître un nid de Serin cini. Les jeunes quittent le nid à l'âge de 11 à 14 jours, et les parents nidifient une deuxième fois. En septembre, les Serins cini se rassemblent en grandes volées et, joints à d'autres granivores, ils recherchent les semences d'herbes folles dont ils sont très friands. Mais ils picorent aussi volontiers les graines de bouleaux et d'aulnes. Au cours du mois d'octobre, ils entreprennent leur migration. Certains individus restent parfois en Europe centrale jusqu'en novembre, et il en est quelques-uns qui y passent tout l'hiver.

2

Le Serin cini est un tout petit oiseau à bec court et conique. Le mâle a le front, la poitrine et le croupion jaune clair. Le dessus de la tête, le dos et les épaules sont vert-jaune et tachetés longitudinalement en brun foncé, les ailes et la queue sont d'un brun-noir (1). Le jaune du plumage de la femelle n'est pas si clair, et chez elle

1 ♂

le ventre est couvert de taches à partir de la gorge. Les oisillons sont brunâtres, fortement tachetés longitudinalement, mais ils n'ont pas de croupion jaune. Au nid, quand ils ouvrent le bec, on voit briller du rouge clair bordé de blanc tirant sur le jaune (2).

Le Serin cini est originaire des régions méditerranéennes, donc de l'Afrique du Nord, du sud de l'Europe et de l'Asie Mineure. Mais de là, à la fin du XIXe siècle, il a commencé à se répandre rapidement à travers les Alpes en

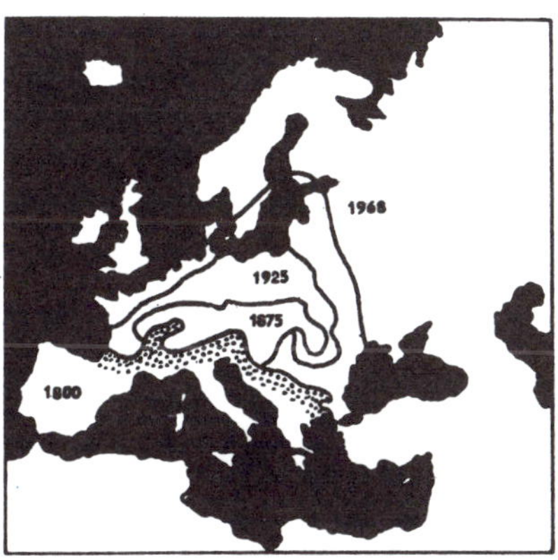

3

direction du nord, si bien que de nos jours il a atteint le sud de la Scandinavie et les États baltes. Cependant vers l'est, sa propagation a été plus lente, si bien qu'il est rare en Roumanie, et qu'en Union soviétique il n'a pénétré que dans les régions frontalières (3).

Verdier
Carduelis chloris

Fringillidés
Fringillidae

En Europe, le Verdier est un oiseau sédentaire, errant et migrateur. Les oiseaux du Nord et du Nord-Est s'envolent, à l'automne, vers l'Europe centrale et méridionale; les Verdiers habitant des régions situées plus au sud restent sur leurs territoires de nidification, ou vagabondent dans les environs. Les populations migratrices rentrent en mars et en avril, et se mettent aussitôt à nidifier. Le Verdier s'installe de préférence dans les paysages où il y a des arbres, broussailles touffues, boqueteaux, à l'orée d'un bois, dans un parc, un jardin ou un cimetière. Tout comme d'autres fringillidés, il lui faut être à proximité de larges espaces ouverts où il trouvera sa nourriture. Le mâle attire l'attention par son chant, répétition de sons clairs de clochette qu'il émet souvent, ainsi que le fait le Serin cini, pendant son vol nuptial qui rappelle celui de la chauve-souris. Dans le choix de l'endroit où elle installera son nid, la femelle n'est pas exigeante. En avril, quand les arbres à feuilles caduques et les arbustes sont encore nus, elle s'installe de préférence dans un conifère (épicéa, if, thuya), mais plus tard elle n'évite pas les arbres et arbustes feuillus. Son nid est relativement grand, peu profond, fait de racines, de brindilles et de mousse, avec des parois laissant passer le jour et une garniture fine de radicelles, poils, crin et plumes. Le nid de Verdier est souvent tissé de fibres laineuses, au-dehors comme au-dedans. La femelle y pond 5 ou 6 œufs à reflets bleuâtres avec de rares taches brun-rouge et roussâtres. C'est elle qui couve pendant 12 à 14 jours, et le mâle vient la nourrir au nid. Ensuite les deux parents soignent ensemble les petits, qui sortent du nid au quinzième jour et restent un moment encore parmi les branches, aux alentours. Les jeunes sont nourris en grande partie de graines ramollies dans le gésier des parents, qui leur apportent de temps à autre également quelque larve, chenille ou araignée. La plupart des couples nichent encore une fois au moins dans la saison, car on connaît des cas de triple couvaison.

Avec sa silhouette rondouillarde, sa grosse tête, son bec puissant et ses sauts maladroits au sol, le Verdier a l'air gauche. C'est, parmi les fringillidés, l'un des oiseaux les plus confiants, ce que l'on constatera l'hiver, en leur donnant quelque pâture. En cette saison, les Verdiers se rassemblent en grandes bandes et, avec d'autres granivores, vont en quête de graines dans les champs. Le mâle du Verdier est, dans l'ensemble, vert olive, mais sa couleur verte brille davantage sur le croupion. Sur le dos, il a des reflets bruns et le dessous du corps tire plutôt sur le jaune. Le bord des ailes et la plupart des plumes de la queue sont d'un jaune brillant à la racine (1). La femelle est d'un vert plus gris, et les endroits jaunes ne sont qu'indiqués (2). Les jeunes sont tachetés en longueur, en dessous comme au-dessus.

3

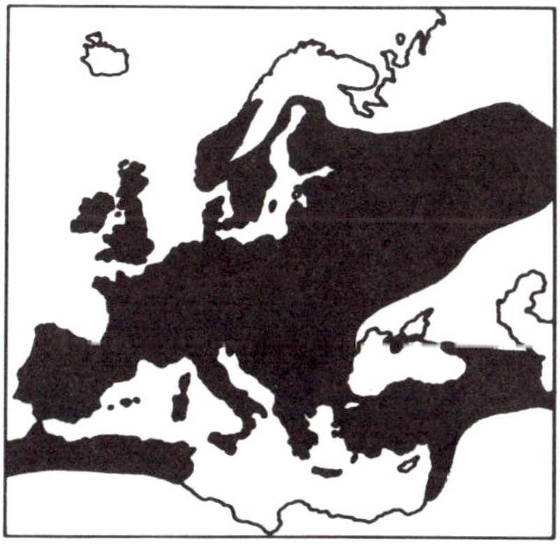

Le Verdier ne franchit les frontières de l'Europe que vers l'Afrique du Nord-Ouest et vers l'Asie Mineure et centrale (3).

Chardonneret
Carduelis carduelis

Fringillidés
Fringillidae

Le Chardonneret est un oiseau très remuant, il ne reste pas longtemps en place et fait toujours entendre (surtout en vol nuptial) «sticlitt», si bien qu'il attire vite l'attention. Il n'aime pas se déplacer au sol, et préfère voleter d'une place à l'autre. En automne et en hiver, de grandes volées de chardonnerets vagabondent par les champs, les prairies et friches plus ou moins abandonnées, pour y picorer les graines de chardons, bardanes, graterons et autres herbes folles, ou grimper agilement sur les rameaux les plus ténus de bouleaux ou d'aulnes, pour extraire les graines de leurs cônes. Une partie des chardonnerets erre autour de ses lieux de nidification, d'autres entreprennent le long voyage vers le sud de l'Europe, en octobre et en novembre. Ceux-là reviennent en mars et en avril et s'installent dans des terrains ouverts, riches en arbres, jardins, allées bordées d'arbres, ainsi que dans les bois clairs de feuillus ou mixtes. On découvrira presque toujours le nid du chardonneret sur un arbre à feuilles caduques, très souvent un arbre fruitier, en général à l'extrémité d'une branche, loin du tronc. La femelle, pour construire son nid, utilise de fines radicelles, des herbes sèches, de la mousse et divers filaments végétaux, le tout entremêlé de soies de cocons d'insectes et de lichen pris sur les arbres voisins, si bien que le nid se fond très bien dans le milieu ambiant. Il est très bien tissé, avec des parois solides légèrement resserrées vers le haut. Le creux en est garni de poils, crins et plumes. La femelle couve pendant 13 à 14 jours ses 4 à 6 œufs et pendant tout le temps de la couvaison elle est nourrie au nid par le mâle, qui chante pour elle avec beaucoup d'ardeur, à proximité. Les petits une fois éclos, leurs deux parents les nourrissent d'abord d'insectes, ensuite de graines ramollies dans leur jabot. Les oisillons restent au nid de 12 à 14 jours, puis ils le quittent. Les adultes nidifient une deuxième fois, puis, vers la fin de l'été, ils se rassemblent en bandes, avec les petits de l'année et les autres.

3

Le Chardonneret est si voyant avec ses couleurs rouge, noir, jaune, qu'il est difficile de le prendre pour un autre. Le mâle et la femelle ont les mêmes couleurs vives (1). La partie avant de la tête, du bec jusqu'au-dessus des yeux, est d'un rouge vif, le sommet de la tête et la partie arrière du cou d'un beau noir. Entre ces couleurs une bande blanc crémeux, qui forme une sorte de large collier. Sur la poitrine vient une large ceinture brunâtre,

et le bas du ventre est blanc, tout comme le croupion. Le dos est brun, les ailes noires avec un grand miroir blanc, l'extrémité des rémiges et les plumes de la queue sont pointillées de blanc. Les jeunes chardonnerets n'ont pas le plumage bariolé de leurs parents (2).

4

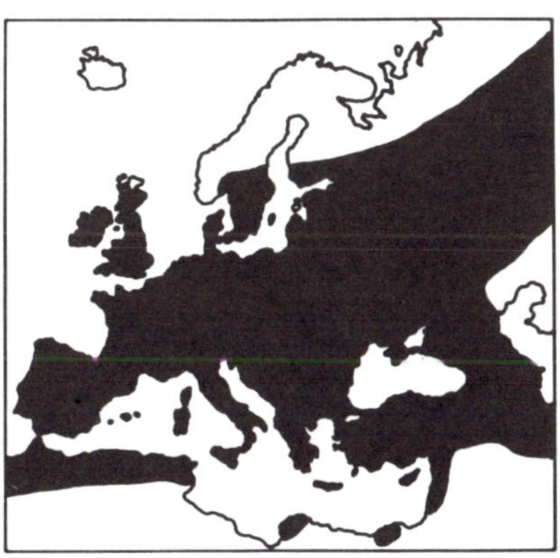

Chez eux, la tête est uniformément brune, le dos et le dessous sont rayés. Seules les ailes noires avec de petits miroirs jaunes annoncent qu'après la mue eux aussi seront aussi beaux que leurs parents. Les œufs des Chardonnerets sont blanchâtres avec des taches brun clair et brun-rouge (3). Le Chardonneret habite toute l'Europe (sauf les parties de l'extrême nord), il est répandu jusqu'en Sibérie occidentale, vit en Asie Mineure et centrale et dans toute l'Afrique du Nord (4).

Tarin des aulnes — Fringillidés
Carduelis spinus — *Fringillidae*

Le Tarin des aulnes se plaît surtout dans les forêts de conifères, qu'elles soient situées dans le Nord ou à la montagne, mais il s'installe aussi dans les forêts mixtes et, exceptionnellement, dans les bois de feuillus. Découvrir un nid de Tarin des aulnes est chose bien difficile. A la saison de la reproduction, le Tarin se tient très tranquille et de plus la femelle, qui choisit l'endroit et bâtit seule le nid, l'installe toujours très haut, et le masque admirablement. La base du nid est faite de fines branchettes avec une couche de racines, lichen, herbes sèches, le tout entrelacé de fils de toiles d'araignée et de soie de cocons d'insectes, le creux est garni de laine végétale, poils et plumes. La femelle pond une première fois en avril, et une seconde fois en juin ou en juillet. Ce sont des œufs bleuâtres ou verdâtres avec des taches brun-noir, ou de petits traits, et il y en a d'habitude 4 à 6, que la femelle couve seule pendant treize jours environ. Mais pendant toute la couvaison le mâle lui apporte à manger au nid. Ensuite, les petits éclos, les deux parents leur fournissent ensemble la pâture durant 13 à 15 jours au nid, et ce sont presque exclusivement des insectes, au début. Les jeunes se mettent à vagabonder bientôt. Après la deuxième nidification, jeunes et adultes se rassemblent en grandes volées, et dès le mois d'août ces bandes se mettent à errer. Les Tarins nordiques se déplacent régulièrement vers le sud en hiver, ils restent en Europe centrale ou poussent plus loin, jusqu'en Méditerranée. Les Tarins de montagne descendent vers la plaine et on les voit apparaître dans les endroits où il y a des aulnes et des bouleaux, dont les graines constituent à cette époque leur principale nourriture. Leur vol de retour, du sud vers le nord, s'effectue régulièrement en mars. Cependant, on peut observer dès le mois de février des jeux nuptiaux de Tarins, au cours desquels le mâle chante, tout en exécutant un vol tremblé. Autrement, il a un vol très rapide, onduleux, parfois très élevé, si bien qu'il arrive qu'on l'entende sans le voir.

4

Le Tarin des aulnes est vert-jaune, il a le dos plus foncé et hachuré de brun, son ventre tire plus sur le jaune. Ses ailes noires à reflets verts sont traversées d'une bande jaune, jaunes également sont le croupion et la racine des rectrices extérieures. La tête s'orne d'une capuche

noire et d'un menton noir (1). La femelle n'a pas de noir à la tête, elle est plutôt vert-gris, avec des taches plus nettes (2); les jeunes lui ressemblent. Le Tarin des aulnes est un oiseau extraordinairement agile et sociable, les individus s'interpellent sans cesse, dans les bandes, si bien que de tout un vol s'élève un gazouillis continu, très doux. Le bec fortement pointu du Tarin des aulnes lui permet de bien pénétrer entre les écailles des cones d'aulnes; en s'accrochant à l'extrémité des plus fins rameaux, grâce à ses griffes acérées, tête en bas, il picore les graines.

3

Le Tarin des aulnes vit en Europe centrale, orientale et septentrionale, en Asie Mineure et dans les régions de l'est de la Sibérie (3). Dans les bois de conifères des montagnes du Canada, au Nouveau-Mexique, niche une espèce identique mais plus rayée: *Carduelis pinus* (4).

Sizerin flammé Fringillidés

Carduelis flammea — *Fringillidae*

Le Sizerin flammé a une répartition intéressante. Il habite surtout la toundra septentrionale en Europe, en Asie, ainsi qu'en Amérique du Nord, où il reste le plus souvent dans les régions avec des bois de bouleaux et d'aulnes. Une sous-espèce particulière vit également dans les îles Britanniques, en Suisse, en Autriche, dans les Alpes italiennes et dans toutes les régions de plateau aux frontières de la Tchécoslovaquie, où il niche de préférence là où il y a du pin alpestre. Récemment, il s'est toutefois répandu largement dans des régions de plus basse altitude, où il s'est installé non seulement à l'orée des bois mixtes, d'épicéas ou des pinèdes, dans les recrûs de bouleaux, aulnes et saules qui poussent dans les tourbières ou près des cours d'eau, mais aussi jusque dans les parcs et jardins des villes et villages. D'habitude, plusieurs couples nichent ensemble, formant une sorte de colonie. Le nid est toujours bas, il est tissé de fines brindilles, d'herbes sèches et de mousse, son creux est garni de crins, poils et plumes. La femelle pond ordinairement de 4 à 6 œufs légèrement bleuâtres, avec des taches et des nuages bruns peu nombreux. Elle couve seule pendant 12 à 14 jours, avec beaucoup d'assiduité. Pendant la couvaison, elle est nourrie par le mâle qui l'aide ensuite efficacement à nourrir les petits au nid pendant 11 à 14 jours. L'alimentation est la même que celle du Tarin des aulnes. Dans les climats d'Europe centrale, la plupart des couples nichent deux fois par an, ce qui arrive aussi parfois chez le Sizerin nordique. Chaque année en automne, le Sizerin flammé des régions nordiques se déplace vers le sud, souvent il va en Europe centrale, mais il lui arrive de gagner l'Europe méridionale. Certains hivers, il apparaît en grand nombre — véritable invasion. Il reste en hivernage jusqu'en mars, puis remonte vers le nord.

3 ♂

Le Sizerin flammé a une calotte rouge très marquée, la poitrine carminée et une tache noire sous le bec. Le dessus est gris-brun, le dessous blanchâtre, les flancs et le derrière sont tachetés longitudinalement et les ailes sont traversées par deux bandes claires (1). La femelle est plus tachetée et elle n'a pas de rouge sur la poitrine (2), les petits sont semblables à la femelle, mais ils sont

dépourvus de tache rouge sur le front. La sous-espèce *Carduelis flammea cabaret*, vivant en Grande-Bretagne et en Europe centrale, est nettement plus sombre et un peu plus petite que la sous-espèce de l'Europe du Nord *Carduelis flammea flammea*. Le Sizerin est un oiseau très remuant, sociable; lorsqu'il vole, on entend sans cesse son appel «tchetchetchetche» qui retentit également dans le gazouillement du mâle. Ce dernier chante souvent en plein vol. Dans les grandes volées hivernales, on aperçoit parfois le Sizerin blanchâtre *(Carduelis hornemanni)*, qui vit dans les parties les plus septentrionales de la toundra arctique, où il niche presque exclusivement au sol. Il se distingue des autres par sa couleur blanchâtre et son croupion presque blanc (3). La répartition géographique du Sizerin flammé est représentée par la carte (4).

4

Linotte mélodieuse
Carduelis cannabina

Fringillidés
Fringillidae

Les liens conjugaux sont beaucoup plus solides chez la Linotte mélodieuse que chez tout autre fringillidé. L'un des deux partenaires suit tout de suite l'autre, là où il se déplace, et cela non seulement à la saison des amours, mais même après la nidification, et cette union persiste même dans les grands rassemblements d'hiver. La Linotte habite de préférence les régions découvertes où des boqueteaux sont éparpillés dans les champs, les versants embroussaillés, les haies découpant de grandes surfaces cultivées ou couvertes de végétation basse. C'est là qu'elle recherche sa nourriture. En dehors de ces endroits elle peut aussi s'installer à l'orée d'un bois, dans un cimetière, un parc ou un jardin. Le nid est, d'habitude, très bas au-dessus du sol, dans des fourrés épais ou sur un arbre. La femelle le construit toute seule, mais elle est constamment accompagnée du mâle. Le nid est fait de brins, fétus, tiges et racines entrelacés de laine et de fils, la garniture du creux est faite de laine végétale et animale. Des 4 à 6 œufs les jeunes éclosent après 12 à 14 jours d'incubation, et ils quittent le nid au bout du même temps. C'est surtout la femelle qui couve, mais le mâle la remplace de temps à autre, et ils s'occupent à deux de l'élevage. Quand les petits ont acquis leur indépendance, le couple se prépare à élever une deuxième génération. La Linotte est nettement plus granivore que les autres Fringillidés. Elle gobe peu d'insectes, et elle n'en nourrit ses petits qu'au cours des tout premiers jours de leur vie. Après la nidification, les Linottes se réunissent en grandes volées avec d'autres granivores et s'attardent dans les lieux envahis d'herbes folles, les friches et les guérets. Certains oiseaux vagabondent tout l'hiver autour de leur lieu de nidification, d'autres se déplacent plus au sud, et le plus souvent jusqu'en région méditerranéenne.

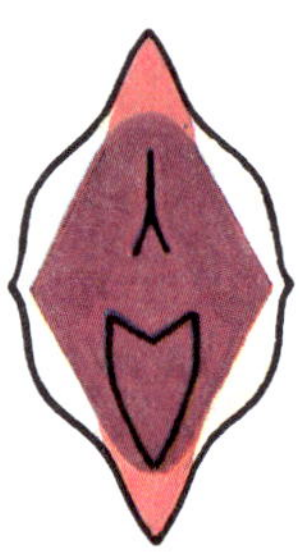

3

Le mâle de la Linotte mélodieuse est souvent considéré comme l'un des meilleurs chanteurs parmi les fringillidés d'Europe. En général, le mâle chante posé sur un buisson ou un arbre, mais il lui arrive aussi de chanter en plein vol. Il a de très jolies couleurs. Dans son plumage nuptial il a la poitrine et la partie antérieure du crâne d'un beau rouge carmin, le reste de la tête et le cou sont gris, mais cette teinte passe graduellement au châtain de son

manteau, pour arriver au blanc grisâtre de son croupion. Le dessous du corps est brun-gris, les ailes sont brun-noir avec une tache longitudinale blanche, la queue est de la même teinte, avec des bords blanchâtres (1). A l'automne, la tache rouge du mâle est recouverte par le bord gris des plumes et ce n'est que par leur usure qu'à la longue apparaît la belle tache carminée. La femelle est dépourvue de rouge sur la poitrine et le crâne, ainsi que du manteau châtain, elle passe donc inaperçue (2). Les jeunes ressemblent à la femelle. Quand ils sont encore au nid, les petits ont l'intérieur du bec d'un rouge sale, et les bords blanchâtres (3).

Les œufs de la Linotte sont finement tachetés et ressemblent à ceux du Sizerin (4). La Linotte mélodieuse habite toute l'Europe partant du sud jusqu'à la Scandinavie centrale et aux confins de la Sibérie occidentale, l'Afrique du Nord et l'Asie Mineure et centrale (5).

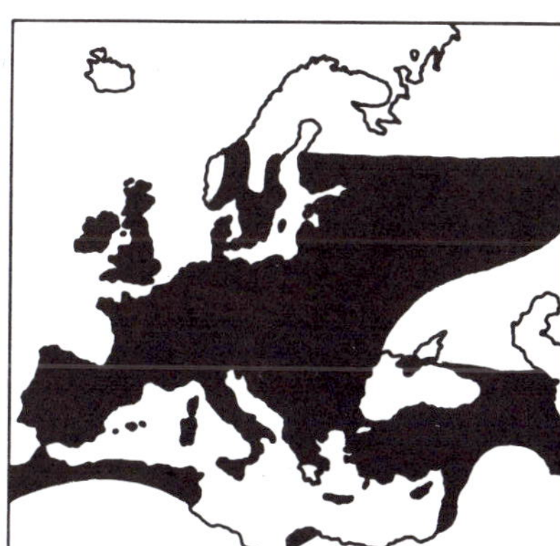
5

Roselin cramoisi | Fringillidés
Carpodacus erythrinus | *Fringillidae*

Le Roselin cramoisi élit volontiers domicile au bord de l'eau, comme les rives de rivières ou ruisseaux où foisonnent les broussailles, bords d'étangs envahis de végétation, bois humides à sous-bois touffu; mais par endroits on le trouvera également dans les parcs et jardins embroussaillés, à proximité des habitations humaines. Dans les régions montagneuses, il lui arrive de nicher dans les recrûs de pins alpestres. On repère aisément le lieu de nidification en écoutant le chant du mâle, un puissant chant sifflant, composé de quelques syllabes que l'on pourrait exprimer par «houit-houat-houat-tchè» (de loin, ce chant rappelle un peu celui du Loriot). Tout en chantant, le Roselin est posé au sommet d'un arbre ou d'un arbuste. C'est un oiseau qui se montre souvent assez familier envers l'homme. La femelle commence à bâtir le nid dans la deuxième quinzaine de mai, souvent même plus tard, en général assez bas, et au bord d'assez grands groupes d'arbrisseaux. Il est fait de brindilles, tiges et racines sèches, garni d'herbe fine et de poils. La femelle se charge de la couvaison, mais son mâle vient la nourrir au nid. Au bout de 12 à 14 jours, éclosent les jeunes qui quitteront le nid après le même laps de temps. Leurs parents leur donnent surtout une alimentation végétale, à laquelle s'ajoutent parfois des insectes. Outre les plus diverses semences, le Roselin cramoisi mange divers fruits et grignote les bourgeons d'arbres. Le Roselin cramoisi est un oiseau migrateur qui ne regagne ses terrains de reproduction qu'en mai, et les quitte dès la fin du mois d'août, ou dans le courant du mois de septembre. Ses lieux d'hivernage s'étendent à l'est de l'Asie Mineure, jusqu'en Inde. Quelques autres espèces de la famille *Carpodacus* vivent en Asie, et trois espèces vivent en Amérique du Nord: *Carpodacus cassinii, Carpodacus mexicanus, Carpodacus purpureus.*

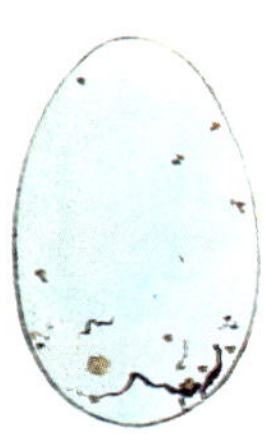

3

Le Roselin cramoisi est à peu près de la taille du pinson, on le reconnaît à son bec court et robuste comme celui du bouvreuil. Au printemps, le mâle adulte a la tête, la partie avant du cou, le jabot et le croupion d'un carmin intense, sur les flancs le rouge est plus clair et le ventre est rosâtre. Les ailes et la queue sont brun-noir, et le dos a des reflets brunâtres (1). Après la mue d'automne, le mâle perd sa teinte rouge et ressemble à la femelle.

Cette dernière a le dessus brun, le dessous blanchâtre avec des taches longitudinales plus foncées sur la poitrine et le dos (2). Les jeunes ressemblent à la femelle, mais leurs teintes sont plus sombres et plus mates. Jusqu'à l'âge de deux ans, les mâles ressemblent aux femelles et n'ont pas encore de teinte rouge. Mais ils nidifient déjà sous ce plumage de jeunesse.

La couvée comporte 4 à 6 œufs d'un bleu-vert vif, saupoudrés de taches presque noires, groupées surtout vers le gros bout (3).

4

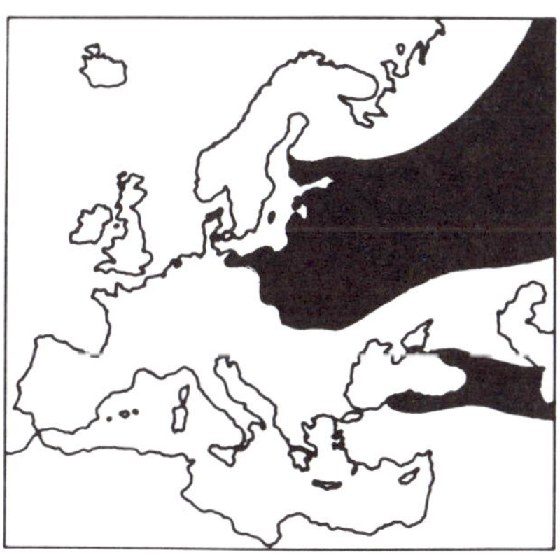

Le Roselin cramoisi est répandu sur une bande allant de l'Europe orientale à la Sibérie occidentale. La frontière occidentale de son extension passe par le Danemark et l'Allemagne (Mecklembourg), la frontière méridionale par la Tchécoslovaquie et la frontière septentrionale par la Finlande du Sud. Il vit aussi dans les montagnes de l'Asie Mineure. Dans ces derniers temps, on a pu observer une certaine expansion vers le sud et l'ouest (4).

Bec-croisé des sapins — *Loxia curvirostra*

Fringillidés
Fringillidae

On dit parfois du Bec-croisé des sapins qu'il est le perroquet des bois de conifères. Il y a un peu de vrai là-dedans. Pour grimper sur les arbres, le Bec-croisé des sapins est très habile, il se suspend aux cônes, tête en bas, ou parfois il arrache le cône, va le porter sur un autre arbre, où il se perche sur une branche grâce à ses griffes, et en extrait les graines. Il décortique beaucoup de cônes, et presque jamais n'en extrait toutes les pignes. Il a un vol rapide, onduleux, tout en lançant un sonore «kip, kip». Par contre, au sol il est plutôt maladroit, et ne se déplace qu'en bondissant lourdement. Le Bec-croisé niche régulièrement en hiver. Il peut le faire en n'importe quel mois de l'année, mais sa principale saison de reproduction se situe de janvier à avril. On y voit clairement la relation qu'il y a entre la nidification et la quantité de nourriture disponible — en l'occurrence les cônes mûrs. Étant donné que la nidification se fait en hiver, le nid de Bec-croisé est une construction solide, avec des parois atteignant une épaisseur de trois centimètres, pour qu'il n'y ait pas trop de déperdition de chaleur. Ce nid est toujours juché sur un conifère, très haut, près du tronc ou dans l'enchevêtrement des branches extérieures. La femelle l'exécute toute seule, et emploie des branchettes de conifères, des tiges, de la mousse, du lichen et de fines racines. Le mâle l'accompagne pour récolter et transporter les matériaux de construction. La femelle pond 3 ou 4 œufs verdâtres avec de rares taches brun-rouge. Elle se met à couver dès qu'elle a pondu son premier œuf et ne quitte pour ainsi dire pas le nid pendant 14 et 16 jours. C'est le mâle qui lui apporte à manger. Il en fait de même pendant les premiers jours après l'éclosion, mais plus tard la femelle aussi s'en va chercher à manger. Les petits quittent le nid à l'âge de 14 jours, ils restent encore un certain temps avec leurs parents, et plus tard ils se joignent tous à d'autres familles. Parfois, les couples nichent une deuxième fois sur la même saison. Le principal habitat du Bec-croisé des sapins lui est offert par les forêts d'épicéas et de sapins, dans la montagne il va jusqu'à la limite des forêts. Le Bec-croisé déménage avec les cônes, et quand il y a abondance dans une région, il y est également en grand nombre, tandis qu'à certaines années de maigre production des conifères, on pourrait en vain le rechercher dans cette région. Et s'il y a abondance de cônes dans la plaine, le Bec-croisé n'hésite pas à y descendre. Quand il y a disette dans les grandes forêts du Nord et du Nord-Est, d'immenses volées de Becs-croisés apparaissent en Europe, partout où il y a quelque nourriture. On peut alors parler d'invasion.

3

4

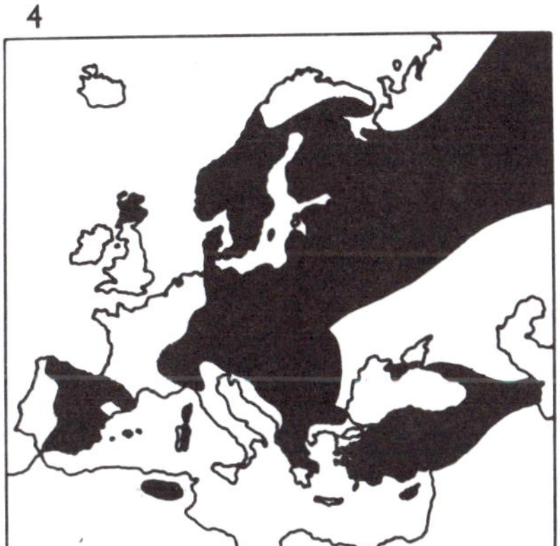

Le mâle adulte est presque tout entier rouge brique, seules ses ailes et sa queue sont brunes (1). Mais on rencontre également beaucoup de mâles d'un beau vert-jaune. Ce ne sont pas seulement de jeunes mâles, comme on l'avait d'abord cru, mais on a constaté qu'un mâle, rouge à l'origine, peut muer en jaune. C'est que la coloration de l'oiseau est influencée par la nourriture disponible aussi bien que par la condition physique du moment. La femelle est vert-jaune, elle a le dos couvert de taches brunes longitudinales et un croupion jaune (2). Les jeunes ont le dessus brun verdâtre, le dessous blanc grisâtre, et ils sont fortement tachetés sur tout le corps (3).

Le Bec-croisé des sapins vit dans les bois d'Europe, Asie, Amérique du Nord et dans le nord-ouest de l'Afrique (4).

Bec-croisé bifascié | Fringillidés
Loxia leucoptera | *Fringillidae*

Le Bec-croisé bifascié vit dans les forêts claires de conifères du Nord, et donne toujours la préférence aux bois de mélèzes qui leur offrent leur principale nourriture — les graines de cônes de mélèzes. Il mange aussi les graines d'autres conifères et celles de beaucoup d'autres plantes, et, dans une moindre mesure, des insectes. La femelle établit son nid sur un arbre à aiguilles, à la manière du Bec-croisé des sapins, mais son nid est un peu plus petit. Tout le cours de la nidification est également pareil, il semble seulement que chez le bifascié la période de reproduction se situe plutôt de mars à juin. Dans les premiers jours de leur vie, les jeunes ont un bec droit, comme tous les autres oiseaux, leurs deux mandibules ne commencent à se chevaucher que plus tard. Si la mandibule supérieure croise l'inférieure à droite ou à gauche, il semble que ce soit un effet du hasard, car ces deux formes de bec se rencontrent en même nombre, et jusque chez des jeunes d'une même couvée. Cela compte également pour le Bec-croisé des sapins. Ce croisement du bec se perfectionne plus tard, vers l'âge de 3 semaines, par l'extraction des graines hors des cônes. Le Bec-croisé introduit son bec fermé entre les écailles des cônes, il écarte les deux parties du bec et récolte la graine avec sa langue. Après la nidification, les familles de Becs-croisés bifasciés se mettent à vagabonder, mais elles ne pénètrent que rarement, en hiver, en Europe centrale et occidentale, et seulement lorsqu'il y a disette de graines de mélèzes dans le Grand Nord. On rencontre parfois le Bec-croisé bifascié isolé, d'autres fois en grandes bandes avec des Becs-croisés des sapins. Les invasions de Becs-croisés bifasciés sont rares.

1

Le Bec-croisé bifascié est un habitant du Grand Nord, surtout de la Sibérie occidentale, la partie septentrionale de l'Amérique du Nord et de l'Europe du Nord, concrètement dans une bande allant du nord de la Suède jusqu'à l'Oural (1). Il ressemble fort au Bec-croisé des sapins, par la taille, l'allure et la coloration. Il a cependant le bec plus fin, avec la mandibule inférieure davantage prolongée vers le haut, et mieux adaptée à l'ouverture des cônes de mélèze. Le

principal signe distinctif du Bec-croisé bifascié est fourni par deux larges bandes alaires, et ce aussi bien chez le mâle de teinte rouge (3) que chez la femelle de couleur jaunâtre (2). En vol, ces oiseaux rappellent le Pinson des arbres.
Il existe une autre espèce de Bec-croisé, le Bec-croisé perroquet *(Loxia pityopsittacus)*, qui vit dans les forêts de pins de l'Europe septentrionale, et qui a le bec très fort, presque comme un bec de perroquet. Sur ces trois espèces, on peut très bien constater l'adaptation de la forme du bec à la nourriture la plus courante: Bec-croisé des sapins (5) signifie graines d'épicéa; Bec-croisé bifascié (6) signifie graines de mélèze; Bec-croisé perroquet (4) signifie graines de pin.

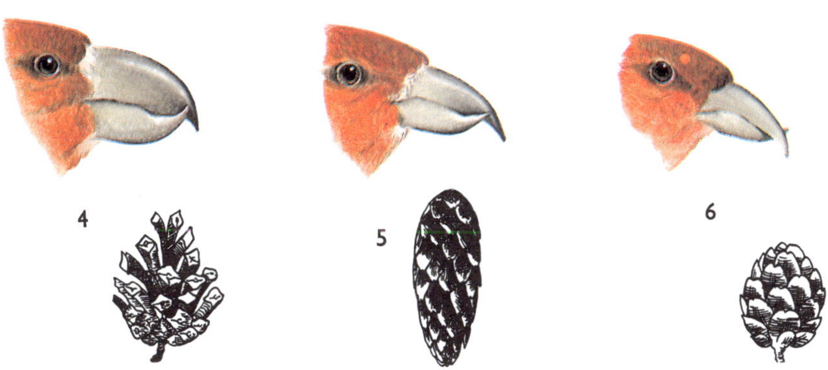

Gros-bec Fringillidés
Coccothraustes coccothraustes *Fringillidae*

Ce qui attire toute de suite l'attention, chez le Gros-bec, c'est évidemment son bec puissant, adapté en casse-noix pour extraire l'amande des noyaux. Le Gros-bec casse les noyaux directement sur l'arbre; après avoir cueilli le fruit, il en rejette la chair et s'attaque ensuite au noyau. Ce faisant, il reste caché dans l'arbre, si bien qu'en général c'est le craquement des noyaux qui décèle sa présence. Il se nourrit également d'autres graines à coque dure, et s'il n'en trouve pas il se contente de graines d'herbe, de pommes, poires, cônes, etc. A ses petits, il apporte aussi des insectes. Le biotope favori du Gros-bec lui est fourni par les bois clairs, feuillus ou mixtes, et les parcs; il affectionne les vieux jardins et les vergers, surtout les cerisaies. Les Gros-becs se mettent à construire leur nid dès le mois d'avril et le placent ordinairement sur un arbre à feuilles caduques. C'est une construction assez grande, mais cette impression de volume est surtout donnée par les branchettes longues et fortes qui en constituent la base, et qui dépassent le fond du nid proprement dit. Ce dernier est en racines, mousse et brins ou fétus divers. Le creux est arrondi dans de fines radicelles, parfois du crin et des poils. La femelle y pond 4 à 6 œufs bleuâtres, avec des taches brunâtres et des points et veinules sombres. C'est surtout elle qui couve, mais de temps à autre le mâle la remplace sur les œufs. Au bout de 14 jours, environ, les petits éclosent et à l'âge de 14 jours ils sont capables de quitter le nid. Leurs parents les accompagnent encore assez longtemps pour faire leur éducation, et ne nidifient plus cette année-là. La plus grande partie des Gros-becs d'Europe centrale va hiverner dans le sud et les Gros-becs plus nordiques viennent prendre leur place. Les oiseaux des régions situées plus au sud sont sédentaires.

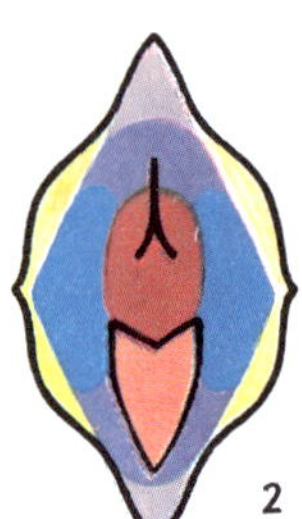

2

Quoique le Gros-bec soit si caractéristique, avec sa grosse tête et son énorme bec conique, il n'est pas si facile de le voir, dans la nature. Il se tient surtout à la cime des arbres, de sorte qu'on ne le connaît pas très bien. Il se fait parfois remarquer par un cri sonore «tsicks, tsicks». Le mâle a une tache noire autour du bec et sur la gorge, les ailes sont d'un noir luisant avec une large bande blanche et la pointe de la queue est également blanche. Le cou est gris, mais

1 ♂

autrement c'est le brun qui domine: la tête, le croupion, le ventre, sont plutôt brun-jaune et le dessus brun foncé. De mars à juillet environ, le bec est bleu-gris, et brunâtre tout le reste de l'année (1). La femelle a des teintes un peu plus pâles, les jeunes sont dépourvus de noir sur la tête, leur gorge est claire et ils ont la poitrine tachetée de brun. L'intérieur du bec des oisillons au nid est très coloré en

3

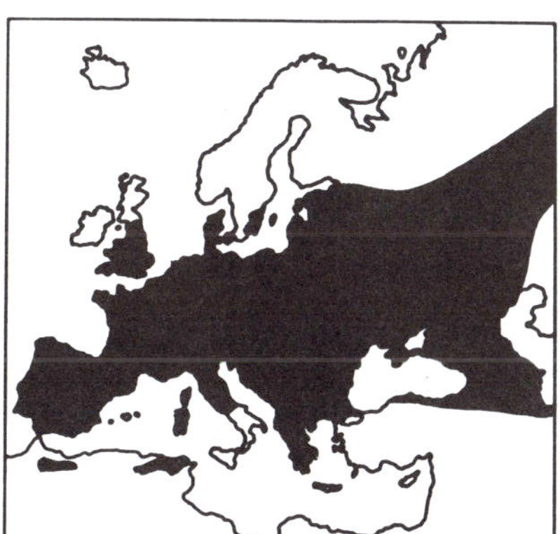

4

bleu-violet-rouge (2). Les rémiges, de la cinquième à la neuvième, ont une forme particulière. Elles semblent coupées en diagonale, au bout les barbes extérieures fuient en angle allongé, tandis que les barbes intérieures sont découpées en arrondi (3). Le Gros-bec habite toute l'Europe jusqu'au sud de la Scandinavie, l'Afrique du Nord et l'Asie, en une bande allant de la taïga de conifères jusqu'au Japon (4).

Bouvreuil pivoine Fringillidés
Pyrrhula pyrrhula *Fringillidae*

Quiconque peut bien imiter le doux et triste appel du Bouvreuil pivoine, «diu, diu» attirera aisément toute une volée. C'est que les bouvreuils sont très sociables, et ils arrivent aussitôt qu'on les appelle. A ce que l'on sait, les bouvreuils nordiques sont encore plus confiants que les autres. Ils forment des couples très tôt, au début du printemps; en mars et en avril ils arrivent déjà par paires sur leurs lieux de nidification et dès le mois d'avril la femelle se met à construire le nid. C'est une construction plate, avec des branchettes librement assemblées à la base, et sur lesquelles elle édifie le nid proprement dit avec de fines racines, du lichen et des poils. Les œufs sont d'un bleu pâle, avec des nuages grisâtres, des taches et des traits brun-noir. Une couvée en compte 4 ou 5. Au bout de 13 à 15 jours, il en sort des oisillons qui quitteront le nid à l'âge de 12 à 15 jours. La couvaison est assurée par la seule femelle, et pendant ce temps-là le mâle la nourrit et monte la garde. Les deux parents élèvent ensemble leurs petits et les nourrissent d'insectes et de graines. La plupart des couples nichent encore une fois un peu plus tard, ordinairement en juin ou en juillet. Dans les régions à climat tempéré le Bouvreuil est sédentaire, ou erratique, mais il ne s'éloigne guère de ses lieux de nidification. Les bouvreuils nordiques descendent assez loin vers le sud pour y passer l'hiver. En cette saison, ils se nourrissent seulement de graines de diverses plantes ou arbres, et becquettent des bourgeons de plantes ligneuses. Ils recherchent de préférence des végétations mixtes avec des sous-bois embroussaillés et touffus, dans les montagnes et les forêts de résineux. Ils peuvent toutefois se contenter de végétation touffue longeant un cours d'eau, de versants broussailleux et il leur arrive de nicher dans de grands et vieux parcs, jardins ou cimetières.

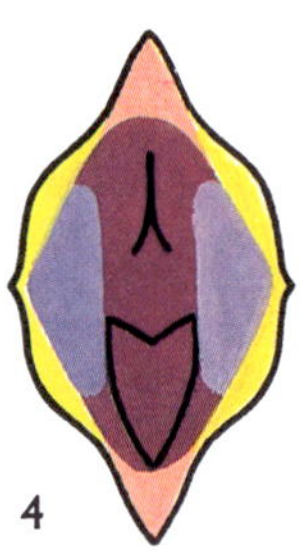
4

Le Bouvreuil est un peu plus grand et plus trapu que le moineau. Le mâle a le ventre d'un beau rouge vif, depuis le menton noir jusqu'au-dessous des plumes de la queue, qui sont d'un blanc net. Sur la tête, une calotte noire descend jusqu'en dessous des yeux, la queue est également noire et les ailes le sont aussi, mais elles portent une bande blanche transversale. Le dos est gris (1). En vol, on le reconnaît

à son croupion blanc (2). Chez la femelle, les couleurs sont réparties de la même façon, mais chez elle le rouge est remplacé par un brun-gris assez terne (3). Les jeunes sont uniformément brun roux, et ils n'ont pas de calotte noire. L'intérieur du bec des oisillons au nid est une combinaison de carmin et de violet (4). Il est intéressant de noter que chez le Bouvreuil la femelle chante aussi, mais le mâle le fait mieux et plus fort.

Le Bouvreuil pivoine habite presque toute l'Europe, sauf les régions de l'extrême sud et de l'extrême nord, et sur une large bande en Asie, allant au nord de l'Himalaya jusqu'au Japon (5).

5

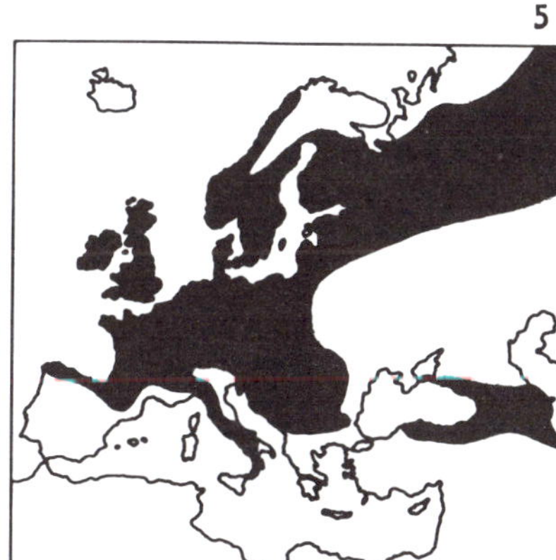

Moineau friquet
Passer montanus

Quand on prononce le mot «moineau», chacun pense au Moineau domestique. Qu'il en existe d'autres espèces, comme le friquet, on n'en a en général qu'une vague idée. On ne le voit presque jamais dans les quartiers d'habitation des villes, dans le meilleur des cas on l'apercevra dans les parcs ou jardins, où il y a de vieux arbres. Le Moineau friquet reste surtout dans les régions de plaines et de plateaux où alternent les espaces ouverts et la végétation avec de vieux arbres creux, par exemple à l'orée d'un bois, dans les taillis qui longent un cours d'eau, bref il est beaucoup plus dépendant d'un milieu naturel, avec beaucoup de verdure, que le Moineau domestique. Il niche non seulement dans les creux d'arbres, les trous de murs, les nichoirs, mais aussi dans les parois d'un nid de cigogne ou d'aigle, dans un terrier d'Hirondelle de rivage, etc. Les deux membres du couple bourrent le trou d'une grande quantité de paille, foin, laine, papier, chiffons et poils, d'où il résulte un typique nid de moineau ébouriffé, mais avec une moelleuse garniture de plumes. Il arrive, exceptionnellement, que les oiseaux bâtissent un nid sur une branche d'arbre. La femelle pond jusqu'à trois fois par an, 5 ou 6 œufs à chaque ponte. Les deux parents les couvent avec une égale assiduité, pendant 13 ou 14 jours. Au bout de 14 à 16 jours après l'éclosion, les petits sont emplumés et peuvent quitter le nid. Leurs parents les nourrissent surtout d'insectes, qui constituent également une grande part de leur alimentation propre, mais ils mangent aussi diverses graines, des fruits, des bourgeons. Après la saison de reproduction, les Moineaux friquets se rassemblent en grandes bandes qui errent par les champs, passent la nuit dans les cimes épaisses d'arbres, les taillis ou les roseaux. Les couples ne se séparent pourtant point en cette saison. L'hiver, le Moineau friquet, à la différence du Moineau domestique, s'unit à des bandes d'autres granivores comme les Bruants, Pinsons, et autres. Certains couples restent fidèles à leur territoire de nidification, et dorment dans les anciens nids. Exceptionnellement, on peut constater des accouplements mixtes de Moineau friquet et de Moineau domestique.

3 ♀

Quoique le Moineau friquet ressemble fort au domestique, on peut très bien les distinguer, avec un peu d'attention. Il est un peu plus petit, tout le dessus de sa tête est marron (le Moineau domestique a une large bande gris cendré sur le crâne [1])

2 ♂

4

1

et ce marron est séparé du dos tacheté par un collier blanc. Une tache noire en demi-lune orne les joues blanches, le menton est noir et une petite bride noire va de l'œil au bec (2, 3). La femelle a un plumage de la même couleur que le mâle, et les jeunes sont dans l'ensemble plus ternes. Le friquet est un oiseau remuant qui est toujours en mouvement et agite la queue. Au sol, il sautille très agilement, il vole vite, sur de grandes distances, en ondulant.

Les œufs sont très variables d'aspect. La couleur fondamentale est le plus souvent gris-vert avec des taches foncées, très drues (4).

Le Moineau friquet habite presque tout l'Europe, l'Asie et l'Afrique du Nord.

Étourneau sansonnet
Sturnus vulgaris

Étourneaux
Sturnidae

L'Étourneau sansonnet est l'un des premiers annonciateurs du printemps. Il nous arrive dès le mois de février ou en mars. A ce moment-là, les Étourneaux vivent encore en bandes, mais dès que le temps s'améliore les mâles se posent près d'un nichoir ou d'un trou et, ailes à moitié déployées et bec grand ouvert, ils chantent. Les Étourneaux vivent partout où ils trouvent assez de trous pour nicher. Ils sont d'ailleurs très accommodants, et n'exigent pas de trou naturel dans un arbre, ils peuvent tranquillement s'installer dans un creux de muraille ou de rocher. Mais ce qui leur convient le mieux, c'est un nichoir artificiel mis à leur disposition par l'homme, et cela a certainement contribué à la large expansion des étourneaux. A l'origine, c'étaient des oiseaux des bois feuillus, où ils nichaient dans les arbres creux et voletaient à la recherche de nourriture dans les clairières ou les prairies avoisinantes. C'est la femelle qui bâtit le nid, quant à son compagnon il y participe symboliquement en lui apportant quelque matériau de construction, brins de paille, herbe sèche, brindilles et une bonne quantité de plumes. Les 4 à 6 œufs d'un beau bleu-vert sont couvés par la femelle seule pendant la nuit, mais de jour son mâle la remplace par moments. Les petits éclosent en 14 jours d'incubation, et ils quittent leur trou au bout de 18 à 22 jours, mais dès l'âge de 14 jours c'est déjà du bord du trou qu'ils réclament leur nourriture à grands cris. Une petite partie des couples nichent une deuxième fois en juin ou en juillet. En août et en septembre, des bandes réunissant des milliers d'Étourneaux sansonnets volent ensemble et dorment dans les oseraies près des étangs, ou dans les arbres, jusqu'en octobre, saison de leur grande migration vers le sud de l'Europe et l'Afrique du Nord. Il arrive parfois que des Étourneaux sansonnets hivernent en Europe centrale. A la saison de la reproduction, le sansonnet se nourrit surtout d'insectes, vers, petits mollusques, araignées, etc., mais à la fin de l'été sa nourriture devient végétale — diverses graines, fruits.

Le mâle et la femelle sont noirs, avec de beaux reflets bronzés, chaque plume est ornée d'un bord blanchâtre (1). Mais au cours du printemps ces plumes s'usent, si bien qu'en juin l'oiseau est presque tout noir (2). En juillet, les plumes tombent et c'est à nouveau un plumage pointillé qui les remplace. Le bec lui aussi change graduellement de couleur, passant du jaune (printemps, été) au brunâtre (automne, hiver). Le premier plumage des jeunes est brun-gris. La silhouette en vol de l'Étourneau sansonnet est très caractéristique.

L'Étourneau sansonnet est un oiseau remuant, sociable, avec un penchant pour la nidification en colonie. Les gens lui reprochent les dommages causés aux

vignobles et aux vergers, et pourtant ils l'aiment bien, si on en juge par le nombre de nichoirs mis à sa disposition et au fait que de nombreux émigrants l'ont emmené avec eux en Amérique du Nord, en Afrique du Sud, en Australie et en Nouvelle-Zélande. L'histoire de son implantation en Amérique du Nord est particulièrement intéressante: en 1890–91, cent étourneaux ont été lâchés en plein centre de New York. Ils sont restés dans la ville pendant six années, mais ensuite ils se sont répandus si largement qu'en soixante-dix ans ils inondaient les États-Unis et nichaient jusqu'en Alaska (3). L'Étourneau sansonnet, qui à l'origine ne vivait pas en Amérique, y était représenté par une centaine d'espèces *d'Icteridae,* qui présentent de nombreux caractères semblables.

3

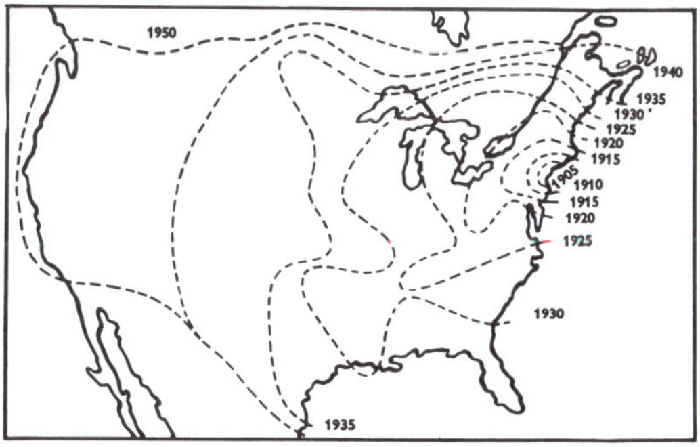

Loriot jaune Oriolidés

Oriolus oriolus *Oriolidae*

Le Loriot jaune est l'unique représentant de la famille tropicale des Oriolidés qui se soit déplacé vers le nord. De nos jours, il habite l'Europe jusqu'au sud de la Grande-Bretagne et la Suède, et va jusqu'à la Sibérie du Sud-Ouest. Il vit également dans une partie de l'Afrique du Nord-Ouest et en Asie Mineure. Son origine tropicale se signale dans le fait que c'est un oiseau strictement migrateur, qui ne fait chez nous que de brefs séjours. Il nous arrive parmi les derniers, régulièrement dans les premiers jours du mois de mai. Il s'installe volontiers dans les vieux parcs et jardins, dans les allées et les bords de cours d'eau avec suffisance de grands arbres. Toutefois, il vit également dans les bois feuillus, voire dans les pinèdes claires. Il évite les forêts denses et sombres de conifères. En dépit de ses belles couleurs vives, on ne l'aperçoit que rarement, dans la nature. Il est farouche et prudent, et reste presque continuellement dans le feuillage épais de grands arbres. C'est là également qu'il installe son nid. La couvée compte 3 à 5 œufs blancs, avec quelques rares taches brun-noir ou noires. Les deux partenaires se partagent le soin de la couvaison, en alternance, mais c'est la femelle qui en prend la plus grande part. Les jeunes éclosent en 14 ou 15 jours, et ils quitteront le nid au bout d'un même laps de temps, à peu près. La principale nourriture du Loriot jaune lui est fournie par les insectes, qu'il capte au vol ou collecte sur les arbres aussi bien qu'au sol, des araignées et de petites limaces. A la fin de l'été, il y adjoint une composante végétale, poires, mûres et diverses baies. En août, les Loriots disparaissent de notre horizon, et entreprennent leur lointaine migration vers l'Afrique tropicale.

2 ♀

3

1 ♂

Le Loriot mâle a deux couleurs fondamentales: les ailes, la partie médiane de la queue et le lorum sont noirs, le reste est d'un jaune brillant. Ces couleurs sont encore soulignées par le rouge carmin des yeux et le brun-rouge du bec (1). La femelle a le dessus vert jaunâtre, le croupion d'un jaune plus marqué, le dessous d'un blanc grisâtre avec des taches longitudinales plus sombres. Ce qui est noir chez le mâle est gris-brun chez la femelle (2). Les jeunes ont les mêmes couleurs que les femelles. On reconnaît du premier coup d'œil un nid de Loriot. C'est un petit panier fait de feuilles et de tiges d'herbes, de fibres végétales et de lanières d'écorce, dont le creux est garni d'herbes fines, de laine et de plumes, attaché par de l'aubier et de longs filaments très fins à une enfourchure horizontale de rameaux extérieurs d'un arbre (3). Le Loriot est un oiseau agité qui volette souvent d'un arbre à l'autre, ce qui nous donne l'occasion de le voir. Son arrivée printanière est annoncée par le chant du mâle, sons de flûte sonore «litilidio», qu'il répète à n'en plus finir. Parfois on est tout étonné d'entendre un rauque «krêêk» au milieu de ces doux sons de flûte.

Le Loriot aime à se baigner, et c'est un joli spectacle que de voir cet oiseau jaune brillant affleurer l'eau, à la manière des hirondelles.

Geai des chênes Corvidés
Garrulus glandarius *Corvidae*

Le Geai des chênes est une sorte d'agent de police de la forêt. Il est très vigilant, et avertit tous les hôtes des bois par ses cris rauques de l'arrivée de quelqu'un avant même de l'avoir vu. Il vit dans les forêts de toutes espèces, c'est un oiseau sylvestre type, qui s'installe de préférence dans les anciens recrûs mixtes, tout en ne fuyant pas les breuils ou les vieux parcs de grandes dimensions. Dès le mois d'avril, les deux partenaires d'un couple se mettent à bâtir leur nid dans un arbre. Que ce soit un arbre à feuilles caduques ou un conifère, il n'est jamais très éloigné de l'orée du bois. Ce nid, plat, est relativement petit, l'extérieur est fait de petites brindilles, l'intérieur d'herbes sèches et de radicelles. Quand le creux contient de 5 à 8 œufs, la nichée est complète. La femelle et le mâle se mettent à couver dès la ponte du premier œuf, et cela pendant 16 ou 17 jours. Ils sont facilement effarouchés, et il leur arrive souvent d'abandonner leur nichée. Trois semaines environ après l'éclosion, les jeunes sont assez indépendants pour quitter le nid et voleter tout autour en compagnie de leurs parents. Le Geai des chênes a une alimentation animale et végétale. Il se nourrit de divers invertébrés, mais aussi de petits vertébrés comme des petits oiseaux, des mulots au moment du nourrissage des petits. En saccageant le nid d'autres oiseaux, en gobant leurs œufs et en les emportant, ainsi que les oisillons, il est l'un des pires ennemis de la gent ailée des forêts. Plus tard, il ajoute des éléments végétaux à son menu — glands, faînes, noisettes et diverses baies. Le Geai des chênes vit dans toute l'Europe, en Afrique du Nord et en Asie, sauf dans le sud du continent. Il est en général sédentaire, mais les geais habitant le nord et le nord-est se rassemblent parfois en grandes bandes pour s'en aller bien loin vers le sud et le sud-ouest.

3

Le mâle et la femelle ont le même corps rose-gris (1). Sur le crâne, une petite plume en noir et blanc qui forme une petite huppe érectile. Sous la mandibule inférieure, une tache noire allongée s'étire en forme de moustache. La queue est également noire, et contraste avec le croupion blanc. Le signe distinctif le plus net est fourni par les couvertures alaires barrées de bleu et noir, avec des intercalations de blanc — les «plumes de geai» bien connues (2). Les ailes sont en plus ornées d'une grande tache blanche. Le plumage des petits est un peu plus foncé, et de coloration moins vive. Dans la nature, le Geai des chênes évite les espaces ouverts et préfère voler d'un arbre à l'autre. Sur le sol, il sautille assez maladroitement, et il ne s'y attarde d'ailleurs que très peu. Il est pourvu d'un vaste répertoire vocal et est capable d'imiter les sons les plus divers, ainsi que la voix d'autres oiseaux. En Amérique du Nord, les espèces européennes de geais sont remplacées par les genres *Cyanocorax* et *Cyanocitta* (3) qu'on appelle Geais bleus. Par leur mode de vie, ceux-ci ne diffèrent guère de nos geais.

Pie bavarde Corvidés
Pica pica *Corvidae*

La Pie est un corvidé bien connu, que l'on distingue aisément de toute autre espèce, eu égard à sa coloration noire et blanche, et à sa longue queue dégradée. Le nid de la Pie est également caractéristique, avec le petit toit d'épines qui le recouvre. La base en est faite de branches sèches, puis vient une couche de terre et de gazon, et au-dessus seulement le nid proprement dit, fait de fines racines, de tiges, brins et fétus, de feuilles et de poils. Le nid de Pie est normalement assez haut, à la cime d'un arbre, mais quand il n'y a pas de grands arbres, il peut se trouver plus bas, dans les fourrés. Dans la plupart des cas, la Pie se construit plusieurs nids, et choisit ensuite celui dans lequel elle va nicher. En avril ou en mai, on y voit apparaître de 5 à 8 œufs, tachetés de brun sur fond brunâtre ou verdâtre. La femelle les couve pendant 17 ou 18 jours, sans être alors relayée par le mâle. Toutefois, après la naissance des petits, ce dernier apporte sa contribution au nourrissage de gosiers éternellement affamés. Cela dure de 22 à 27 jours, puis les jeunes quittent le nid et se mettent à errer dans les alentours. En une saison, les pies ne nidifient qu'une seule fois. En général, la Pie n'est pas un oiseau très sociable, on la voit le plus souvent par couple, et un certain temps en famille, après la nidification. Dans les endroits où les pies sont plus abondantes, elles se rassemblent parfois, à l'automne, et dorment alors en bandes. La Pie est un oiseau sédentaire, et elle ne s'éloigne pas trop de ses lieux de nidification pour passer l'hiver. Les jeunes fondent leur famille non loin de leur lieu de naissance. Leur nourriture est très diversifiée. A la saison du nourrissage des petits, la Pie pille le nid d'autres oiseaux, mais mange également de petits mammifères, des insectes, des mollusques et autres petits animaux, ainsi que diverses baies, fruits, céréales, etc.

4

La Pie bavarde (1) se remarque assez facilement dans la nature, grâce à sa silhouette, ses couleurs, ses mouvements. Si elle sautille au sol, elle le fait en levant sa queue, qui est plus longue que son corps. En vol, on dirait qu'elle traîne sa

1

2

queue derrière elle (2). La couleur est noir et blanc pour le mâle, comme pour la femelle. Le blanc est sur le dessous du corps, du jabot au ventre, sur les épaules et les barbes internes des rémiges. Le reste du corps est d'un beau noir à reflets vert, bleu et pourpre. Chez les jeunes, la queue est plus courte et le noir est sans reflets. Dans la nature, on reconnaît également la Pie à sa voix jacassante «tcha, tcha, tcha». On connaît tout aussi bien sa propension à voler et cacher les petits objets qui brillent.

La Pie habite les larges espaces cultivés, où elle peut trouver assez d'arbres et d'arbustes, mais évite les grandes forêts. Elle vit en Europe, Asie, Afrique du Nord et Amérique du Nord (3), où vit également une autre espèce de pie, *Pica nuttalli.*

Dans la péninsule ibérique, se rencontre une autre espèce, la Pie bleue *(Cyanopica cyana)* (4), qui vit surtout dans les jardins, vergers, et bois avec chênes verts et pins.

3

Casse-noix moucheté Corvidés
Nucifraga caryocatactes *Corvidae*

Le Casse-noix moucheté est un oiseau originaire de la taïga. Il habite, sans discontinuité, une large bande allant de la Scandinavie, et couvrant toute la Sibérie, jusqu'au Japon. En outre, il vit aussi par petits îlots dans le reste de l'Europe, dans les forêts de conifères de montagne. A une époque récente, il s'est aussi largement répandu dans les grands bois de résineux des plaines. Il bâtit son nid dès le mois de mars, même quand il y a encore de la neige dans les bois. Les deux partenaires participent à la construction, et placent le nid le plus souvent contre le tronc d'un conifère bien fourni. Ils brisent des branchettes, encore vertes, pour établir une base horizontale, puis là-dessus vient la caractéristique couche de bois pourrissant avec parfois du lichen, et le creux est formé d'herbes sèches, de mousse et à l'occasion de quelques plumes. Les 3 à 5 œufs sont verdâtres et couverts de petites taches brunes. La femelle les couve seule pendant 16 à 18 jours et le mâle l'aide en venant lui apporter à manger au nid. Le nourrissage des petits au nid, assuré par les deux parents, dure de 23 à 25 jours. Après avoir quitté le nid, les jeunes restent avec leurs parents. La majeure partie de l'alimentation du Casse-noix moucheté est végétale. Il affectionne les pignons de pin, les graines d'autres conifères, les faînes, les noisettes et les glands. Il tient la coque entre ses pattes et la brise à coups de bec. Il se nourrit également d'insectes, de vers et parfois il s'empare d'un jeune oisillon au nid ou d'un œuf. Comme d'autres corvidés, le Casse-noix moucheté a l'habitude de faire des provisions. Il a une mémoire étonnante, et la plupart du temps il retrouve effectivement sa cachette, bien plus tard. Le Casse-noix moucheté est un oiseau sédentaire, mais à l'automne et en hiver il se déplace vers le sud ou descend de sa montagne, pour apparaître où jamais il n'avait été auparavant, jusqu'à des parcs et jardins de villes, pour y rechercher surtout des noisettes.

Le Casse-noix moucheté est un oiseau très discret dans la nature, si bien que souvent sa présence passe inaperçue. Sa voix ressemble à celle du geai; il lance des cris enroués «kerr, kerr», du sommet d'un arbre, au printemps. Il est un peu plus petit que le geai, mais son bec est plus long et plus fort. La femelle et le mâle sont pareils, brun foncé avec des taches blanches comme des gouttelettes, sauf sur le crâne, les ailes et la queue. Sur le bout de la queue, une bordure blanche (1). Le plumage des jeunes est nettement plus clair et moins moucheté de blanc. En Europe vit une espèce, *Nucifraga caryocatactes caryocatactes,* avec un bec plus fort et plus court (15 à 25 mm), et une bordure blanche étroite au bout de la queue. Le Casse-noix moucheté de Sibérie *(Nucifraga caryocatactes*

1

2

macrorhynchos) habite la taïga sibérienne, et en Europe il apparaît lors des invasions dues à la disette de pignons de pins, qui constituent sa principale nourriture. Il a le bec plus long et plus étroit (25 à 33 mm), et une bande blanche sur les rectrices externes. Une espèce apparentée, *Nucifraga columbiana* (2), vit dans les forêts de résineux de l'Amérique du Nord.

Corbeau freux Corvidés
Corvus frugilegus *Corvidae*

Le Corbeau freux est typiquement un oiseau d'hiver, que l'on voit dans les grandes régions cultivées. A cette époque, on les voit par milliers, ces hôtes venus du nord et du nord-est de l'Europe. Pendant la journée, ils recherchent leur nourriture dans les champs, les prés, mais aussi directement dans les villes et le soir venu, ils s'en retournent par le même chemin et au même moment, vers leurs colonies, pour revenir le lendemain, à l'aurore, rechercher leur nourriture dans un très large cercle environnant. Ces bandes nombreuses restent rassemblées d'octobre à mars, et alors les corbeaux disparaissent une fois de plus. Les corbeaux d'Europe centrale se déplacent vers l'ouest pour hiverner, mais les corbeaux occidentaux sont le plus souvent sédentaires ou erratiques. La patrie du Corbeau, c'est l'Europe, sur une large bande partant du centre de la France, et couvrant l'Italie du Nord, la Yougoslavie et la Roumanie jusqu'au Golfe de Finlande et une bonne partie de l'Asie. Le Corbeau donne la préférence aux régions ouvertes dans les plaines, avec de vastes champs et des prairies où sont éparpillés de petits bouqueteaux, des groupes d'arbres ou de la végétation longeant les cours d'eau; il niche à l'orée des bois ou directement dans les jardins et parcs des villes, voire dans les cimetières. Les corbeaux nichent presque toujours en colonies et plusieurs dizaines de nids peuvent se trouver sur un même arbre, et il arrive que plusieurs nids se touchent. Dès le mois de mars, les corbeaux restaurent leurs anciens nids ou en construisent de nouveaux avec des branchettes brisées, de la terre, de la mousse, des racines et des herbes sèches. Les deux partenaires travaillent ensemble à l'édification du nid, mais il y en a toujours un qui doit rester sur le chantier, sinon d'autres corbeaux viennent voler les matériaux déjà rassemblés. Bientôt apparaissent 3 à 5 œufs verdâtres, tachetés de brun, que la femelle couve durant 17 à 19 jours, tandis que le mâle lui apporte à manger au nid. Il en va de même encore après l'éclosion, pendant quelques jours, car la femelle ne laisse pas ses petits tout seuls pendant trop longtemps, ni trop souvent. Ensuite les deux parents apportent la nourriture aux jeunes en l'emmagasinant dans un sac spécial qu'ils ont dans le gosier. L'élevage au nid dure de 30 à 35 jours. Le menu du Corbeau est très varié: insectes, vers, limaces, petits mammifères et souvent aussi des cadavres, puis diverses céréales, fruits, pommes de terre, baies diverses, etc.

2

3

1

On confond souvent le Corbeau freux avec la Corneille. Le Corbeau s'en distingue cependant par son brillant bleuté et violet, et chez les vieux oiseaux une membrane très visible, bien blanche, à la racine du bec (1), tandis que les jeunes, jusqu'à l'âge d'un an, ont la racine de leur bec normalement emplumée (2). Il existe toutefois d'autres signes: le bec plus mince et plus long, «culotte» de plumes lâches sur les pattes, mais le meilleur signe c'est encore la touffe de petites plumes redressées sur le sommet du crâne — plumes larges, au bout arrondi (3). Le mâle et la femelle sont pareils. En marchant au sol, ils dandinent de l'arrière-train. Excellents voiliers, très endurants, s'ils nichent en plein centre urbain, cela ne les dérange pas d'aller chercher la nourriture à des kilomètres de distance. Dans les endroits où les corbeaux passent la nuit, il est souvent possible de récolter leurs réjections, ce qui donnera d'intéressantes indications sur leur mode d'alimentation.

Corneille Corvidés
Corvus corone *Corvidae*

La Corneille vit, en Europe, en deux sous-espèces: la Corneille noire *(Corvus corone corone)* habite l'Europe occidentale, en gros à partir du cours de l'Elbe en direction de Vienne et, à travers les Alpes, jusqu'en Italie septentrionale; la Corneille mantelée *(Corvus corone cornix)* pénètre profondément en Sibérie orientale. Si l'on peut dire en substance qu'une sous-espèce remplace l'autre dans chacune de ces aires d'habitat, il n'en est pas moins vrai que sur une large bande tangente on peut voir les deux espèces ensemble, voire la formation de couples où l'un des partenaires est une Corneille noire, l'autre une Corneille mantelée. Les descendants de ces couples mixtes sont toujours plus noirs que ceux des mantelées. La Corneille choisit, pour y habiter, l'orée des bois, les breuils en plein champ ou pâturages, toutefois il lui arrive de nicher dans le centre des grandes villes, et ceci est valable surtout pour la Corneille mantelée de l'est. La saison des amours commence dès les premiers jours un peu plus chauds de février ou de mars, et les unions conjugales sont contractées pour toute la vie. Les deux oiseaux bâtissent ensemble le nid, perché bien haut à la cime d'un arbre, et fait de branches sèches brisées, de terre, de mousse, tandis que le creux est garni de poils et d'herbe. La couvée comporte d'habitude 4 à 6 œufs semblables à ceux du corbeau, et la femelle les couve seule avec beaucoup d'assiduité. Elle ne quitte le nid que pour picorer la nourriture que le mâle lui apporte à proximité, mais il arrive aussi qu'il la nourrisse directement au nid. Les petits sortent des œufs au bout de 17 à 20 jours d'incubation. Dans les premiers jours la femelle les réchauffe encore, mais au bout d'une semaine elle va et vient avec son mâle pour leur apporter la nourriture. A l'âge de 4 à 5 semaines, les petits sont capables de quitter le nid et de voleter tout autour avec leurs parents, et cela jusqu'à l'hiver suivant. Alors les corneilles des régions septentrionales s'envolent vers l'Europe centrale. La Corneille est omnivore, mais donne la préférence à une alimentation carnée. Elle mange de tout, depuis les insectes jusqu'à des charognes, en passant par les petits oiseaux et mammifères; elle saccage les nids d'oiseaux et en gobe les œufs avec délice. Mais elle mange ausi des céréales, la partie verte des plantes, des fruits, etc.

3

4

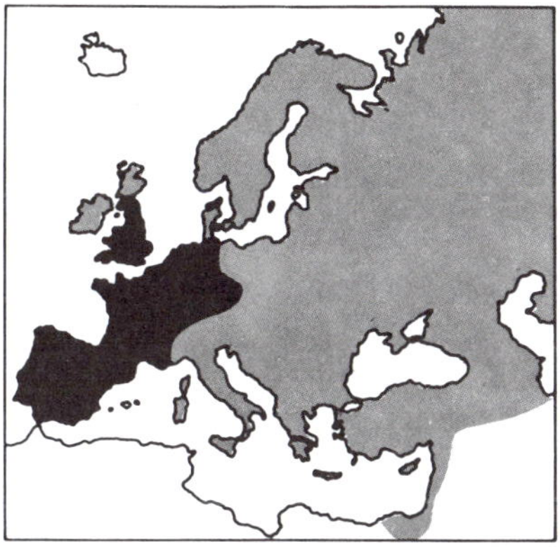

2

La Corneille noire *(Corvus corone corone)* est toute noire, avec des reflets verts et pourpres (1), la Corneille mantelée *(Corvus corone cornix),* appelée aussi Corneille grise, a la tête noire ainsi que la partie avant du cou, les ailes et les tibias également noirs, le reste du corps est gris (2). Chez les deux sous-espèces, mâle et femelle sont pareils. On peut aisément confondre une Corneille noire et un jeune Corbeau. Un observateur expérimenté les distinguera au gros bec massif du corbeau, avec sa mandibule supérieure légèrement recourbée, et aussi au luisant du plumage. Si nous tenons l'oiseau en main, nous constatons que les plumes du sommet de la tête sont étroites et arrondies (3). La Corneille est un oiseau très prudent et malin, mais cela n'est pas vrai pour la Corneille mantelée, vivant dans les villes de l'est, qui est indiscrète et impertinente. Il n'est pas facile de découvrir son nid, car la Corneille est tranquille et silencieuse, elle se meut de façon à ne pas attirer l'attention, et même les petits au nid font peu de bruit. L'hiver venu, les Corneilles s'unissent parfois en grandes bandes à des choucas et des corbeaux. En Amérique du Nord, la Corneille noire est représentée par l'espèce *Corvus corone brachyrhynchos.* La carte représente la répartition géographique des deux sous-espèces (4).

1

Nourriture

Les passereaux chanteurs ne se classent pas avec précision en granivores, insectivores, fructivores, etc. Beaucoup d'insectivores, comme les fauvettes, se nourrissent de baies durant une bonne partie de l'année, surtout vers la fin de l'été et l'automne. Par contre, la plupart des granivores nourrissent leurs petits d'insectes (Moineau friquet), et seules quelques espèces, peu nombreuses, les nourrissent de graines (Chardonneret). Mais chez les oiseaux adultes aussi, la nourriture change au cours de l'année: au printemps le Merle noir ou l'Étourneau sansonnet ont une alimentation en majorité animale, mais durant l'été ces deux espèces mangent surtout des fruits, des cerises, des raisins ou des olives. Toutefois il existe de véritables omnivores, comme les Corvidés, ainsi que des spécialistes, comme les Fringilles, qui se nourrissent presque exclusivement de graines de conifères et chez lesquels cette spécialisation alimentaire est due à la forme typique du bec.

Certains oiseaux chanteurs rassemblent des provisions pour les périodes de disette: la Pie-grièche enfile ses proies sur une épine, le Casse-noix moucheté dissimule en divers endroits des pignons de pin ou des noisettes, et il est très capable de retrouver son garde-manger sous une épaisse couche de neige. Il en va de même pour le Geai des chênes et ses provisions de glands. Il reste cependant beaucoup de cachettes de graines que les oiseaux ne retrouvent plus, ces espèces concourent alors au renouvellement naturel des forêts. A ce propos, il est intéressant de noter qu'un fort pourcentage de semences ne perdent pas leur capacité de germer, en passant par le tube digestif des oiseaux. Pour le Rouge-gorge, 80 % des graines qu'il avale restent fertiles, et 85 % chez la Grive musicienne. Mais les oiseaux chanteurs peuvent hélas répandre aussi de nombreuses graines de plantes nuisibles, tout en les gobant et rejetant sans ressentir le moindre trouble. On sait que la Grive draine est la grande propagatrice du gui, que les Turdidés répandent la belladone vénéneuse, les Fauvettes et Pouillots le daphné à baies toxiques. Chez le Jaseur boréal, les baies du gui parcourent tout le trajet du système digestif en 7 à 10 minutes, ce qui est évidemment une rapidité peu ordinaire. Cela est dû à ce que certaines nourritures végétales, surtout les fruits pulpeux, sont d'une digestion facile. La Pie-grièche grise digère une souris en trois heures, mais il faut un peu plus de temps pour un insecte à carapace dure. Une graine dure demande également plus de temps pour être digérée, quand ce ne serait que parce qu'elle doit rester à ramollir dans le gésier.

Parmi les vertébrés, la digestion des oiseaux est la plus rapide que nous connaissions. Proportionnellement à sa taille, le corps de l'oiseau est grand. Sa perte de chaleur est donc plus élevée, c'est pourquoi il lui faut s'alimenter davantage. Pour les chanteurs, qui sont en général de petits oiseaux, cette règle a une grande importance. Chez les petits oiseaux insectivores, le poids de la nourriture consommée en une journée représente à peu près le poids du corps. Les oiseaux de plus grande taille savent résister à un jeûne prolongé. Les rapaces, surtout, sont très résistants à la faim. C'est d'ailleurs pour eux une nécessité biologique, car s'ils ne capturent pas de proie, ils doivent souvent jeûner durant plusieurs jours. En hiver, quelques heures de jeûne, accompagnées d'une grande déperdition d'énergie, peuvent tuer nombre de petits chanteurs insectivores comme les Mésanges, les Roitelets.

Oiseaux utiles et oiseaux nuisibles

Il ne peut y avoir aucun doute sur l'importance économique des oiseaux. Beaucoup d'entre eux se rangent parmi les animaux utiles (Poules, Canards, Oies), plusieurs espèces sont chassées comme gibier à plumes pour leur chair comestible, et l'on y range quelques chanteurs (Corvidés, Turdidés). Cependant, au premier rang de l'importance économique des oiseaux, vient le fait que beaucoup d'espèces sont insectivores, détruisant ainsi ces insectes qui causent tant de dommages dans les cultures, les arbres des forêts et des jardins. Mais leur importance dans la lutte biologique contre les parasites est parfois surestimée. On ne peut évidemment pas attendre des oiseaux qu'ils viennent à bout d'une surpopulation d'insectes bien établis. La capacité de reproduction des insectes est immense, et en tous cas beaucoup plus élevée que la capacité de destruction des oiseaux insectivores. On cite souvent, comme exemple de l'énorme capacité de reproduction des insectes, celle de la mouche dont la descendance, au cas où elle resterait en vie dans son entier, atteindrait 7 milliards d'individus en cinq mois. Qu'est, en comparaison, la descendance d'un couple de mésanges, qui compte une vingtaine d'oisillons par an? Et les mésanges nichent jusqu'à trois fois l'an, ce qui les range parmi les espèces ayant le plus grand nombre de descendants. D'un autre côté, on ne peut admettre l'opinion selon laquelle l'efficacité des oiseaux serait nulle contre le fléau que peuvent représenter les insectes. Les oiseaux sont capables de limiter une multiplication catastrophique de certains insectes nuisibles, et surtout tout au début de leur explosion. L'action des oiseaux est donc surtout préventive, et elle est l'un des nombreux facteurs qui limitent la reproduction des parasites. L'action la plus précieuse en ce sens est celle des espèces d'oiseaux qui restent chez nous toute l'année et mangent toujours de préférence des insectes, même à la saison où la population d'insectes est à son niveau le plus bas (Mésanges, Roitelets, Sittelles, Grimpereaux, etc.), et tout aussi bien les espèces qui ont une progéniture nombreuse (Mésanges). Il existe des statistiques qui indiquent qu'une jeune Mésange, pendant le nourrissage au nid, consomme environ $^{3}/_{4}$ de kg de nourriture. Un couple de Mésanges, pour nourrir sa nichée, anéantit donc en une saison quelques dizaines de kilos d'insectes. Une condition importante, c'est également que la population des oiseaux soit proportionnellement assez nombreuse. On a nettement démontré que, à proximité d'une colonie de corbeaux, il n'y a point de problèmes dus aux hannetons, car tous ces Corbeaux freux récoltant leur nourriture dans un vaste rayon, exterminent les larves et les hannetons adultes, en très grande proportion, et en réduisent donc préventivement la population. Rien que cela justifie la protection des oiseaux, et au premier rang des insectivores, et tous les efforts faits pour les attirer dans les parcs, jardins et bois, à proximité des champs cultivés.

Il existe cependant, parmi les Passereaux, des oiseaux nuisibles pour l'homme. En Europe, l'un des plus importants nuisibles à l'agriculture est le Moineau domestique, qui cause des ravages surtout dans les champs de blé; vient ensuite l'Étourneau sansonnet, dont les grandes volées sont capables de détruire toute la récolte d'une cerisaie, d'un vignoble ou d'une oliveraie. Les jardiniers se plaignent souvent, à bon droit, des méfaits du Merle noir. N'empêche que d'autres Passereaux peuvent également se montrer nuisibles à l'occasion, et par endroits: certains Fringillidés dans les champs de pavot, de chanvre ou de tournesol; d'autres oiseaux piquent les bourgeons d'arbres fruitiers, les Mésanges ne sont guère aimées des apiculteurs, et l'on a déjà beaucoup écrit sur les diverses maladies et parasites apportés à l'homme par les oiseaux.

En tous cas, il faut souligner que l'utilité des oiseaux, aussi bien que leur caractère nuisible, sont des concepts variables et problématiques. L'Étourneau sansonnet apporte à ses petits au nid quantité d'insectes nuisibles, par contre, plus tard il cause de grands dommages dans les vignobles et les cerisaies. De même, le Moineau domestique est utile au printemps, car alors il se nourrit d'insectes, mais plus tard il cause des dégâts dans les blés. Le Corbeau freux évite à l'agriculture un éventuel fléau dû aux hannetons, mais il prélève aussi dans les champs une grande quantité de graines germées. Il n'est donc pas possible de dire d'un seul oiseau si, du point de vue de l'homme, il est utile ou nuisible. Cependant, il faut vraiment que la protection des oiseaux ne soit pas justifiée uniquement par l'intérêt économique, il faut qu'elle soit une revendication morale et de civilisation de l'humanité entière, et qu'elle s'étende à toutes les espèces d'oiseaux.

La migration des oiseaux

Selon leur changement d'habitat au cours d'une année, on classe le plus souvent les oiseaux en migrateurs, oiseaux erratiques et oiseaux sédentaires. Les oiseaux migrateurs ont à vrai dire deux habitats: l'un au nord, où ils élèvent leurs petits, et l'autre au sud où ils passent l'hiver, mais ne nichent jamais. On y range tous les oiseaux insectivores qui émigrent pour échapper à l'insuffisance de nourriture hivernale. Les oiseaux sédentaires sont fidèles, toute leur vie durant, à un seul endroit et ne le quittent point, même en dehors de la saison des nids; ainsi font la Sittelle et la Mésange huppée. La transition entre ces deux groupes nous est fournie par les oiseaux erratiques qui, en hiver, se déplacent dans un large cercle autour du nid, parfois jusqu'à plus de cent kilomètres. On y range de nombreux oiseaux granivores tels le Chardonneret, le Verdier ou la Linotte mélodieuse. Cependant il existe des oiseaux chanteurs qui n'apparaissent qu'une fois en quelques années en certaines régions, mais alors en très grand nombre. On peut aussi parler d'oiseaux envahisseurs, qui forment une catégorie à part. Par exemple le Bec croisé, le Casse-noix moucheté, le Jaseur boréal et le Sizerin flammé, sont considérés comme des oiseaux envahisseurs. Le motif de ces invasions est, d'ordinaire, une disette de certaines graines sur les territoires étendus qui sont l'habitat habituel de ces oiseaux, disette qui s'ajoute parfois à une surpopulation de ces oiseaux, à des conditions atmosphériques défavorables, etc.

On a déjà beaucoup écrit sur la vitesse de vol des oiseaux en cours de migration, et trop souvent on a exagéré. On a enregistré chez la Corneille mantelée une vitesse de 50 km à l'heure; et chez l'Étourneau sansonnet 74,1 km à l'heure. L'altitude du vol n'est pas non plus très élevée: le passage des petits oiseaux se fait la plupart du temps à une hauteur ne dépassant pas 100 mètres, l'Étourneau sansonnet passe entre 50 et 100 mètres d'altitude, les Corneilles vont de 30 à 200 mètres.

Les passereaux exécutent leurs mouvements migratoires à peu près partout, sur un large front, qui se rétrécit, à l'occasion, en corridors moins larges dans les vallées de montagne ou en longeant les côtes maritimes. D'habitude ils ne passent pas en formations rigides, mais plutôt en bandes qui semblent désordonnées comme ces grandes volées d'Étourneaux sansonnets ou de Fringilles. D'autres groupes de passereaux exécutent leur migration individuellement: le Loriot jaune, la Pie-grièche écorcheur. Nombreuses sont les espèces qui exécutent leurs migrations pendant la nuit, échappant ainsi à l'observation. Il est intéressant de noter que beaucoup d'espèces qui font leur migration durant la nuit mènent habituellement une vie diurne, par exemple les Alouettes, les Grives et les Merles, les Bruants, ainsi que les Fauvettes et les Pouillots. Ces migrations nocturnes procurent certes des avantages à ces oiseaux, tels l'assurance d'échapper aux Rapaces, et la possibilité d'employer les heures claires du jour pour s'alimenter et se reposer.

De nombreuses espèces de passereaux reviennent, au printemps, à une époque bien déterminée, et la plupart de ces oiseaux réapparaissent en certains endroits, en ordre dispersé, environ une dizaine de jours après la date de réapparition du groupe principal. On range parmi les oiseaux qui sont de retour à dates fixes la Gorge-bleue, la Grive musicienne et plusieurs autres espèces. Parmi les chanteurs qui reviennent très tôt dans l'année, citons l'Étourneau sansonnet, l'Alouette des champs et la Bergeronnette grise. Ces oiseaux rentrent au bercail dès la fin de février ou bien en mars. Ce sont pour la plupart des oiseaux qui hivernent en Méditerranée; ils supportent facilement les intempéries et se nourrissent en grande partie de végétaux. Au contraire, les insectivores reviennent très tard, de même que les oiseaux qui doivent bien dissimuler leurs nids dans les feuillages, comme le Loriot jaune, l'Hypolaïs ictérine ou la Pie-grièche écorcheur, tous oiseaux qui hivernent habituellement dans la lointaine Afrique équatoriale. Ce sont toujours les mâles qui reviennent les premiers, pour occuper le territoire de nidification, les femelles n'arrivent que plus tard.

La migration vers les lieux d'hivernage n'est pas non plus très régulière, parfois elle a lieu tout de suite après l'élevage des petits (Loriot jaune), et d'autres fois elle s'étire sur une période assez longue. Chez certaines espèces, qui ont un fort sens de l'orientation, les jeunes peuvent déjà entreprendre seuls leur premier voyage de migration vers les lieux d'hivernage (Pie-grièche écorcheur).

Le nombre d'oiseaux chanteurs et sa régulation

Une règle générale veut que la reproduction doive maintenir constant le nombre d'oiseaux d'une certaine espèce, et non le laisser augmenter. Le nombre de jeunes qui arrivent à l'âge adulte remplace à peu près le nombre de vieux oiseaux qui disparaissent. Les petits oiseaux chanteurs qui n'effectuent pas de migration vers des cieux plus cléments, comme les Mésanges et les Roitelets, subissent de rudes intempéries durant l'hiver, et souffrent donc souvent de lourdes pertes atteignant 80 % de leurs effectifs. Ces pertes sont alors compensées, la bonne saison revenue, par un taux plus élevé de natalité et plusieurs nichées au lieu d'une. Toutefois, une ponte abondante n'assure pas nécessairement un haut niveau de production de jeunes. Les pertes en œufs et en oisillons sont plus élevées chez les oiseaux nichant en plein air que chez les oiseaux nichant dans les creux. Ainsi, il faut quarante et un œufs pondus par le Bruant jaune pour qu'un jeune soit mené à bien, et soixante et onze pour le Gobe-mouches à collier. On a également constaté que les petits chanteurs ont un taux de mortalité très élevé au cours de la première année de vie, particulièrement chez les petits encore au nid. Sur cent oisillons éclos, il n'y a que soixante-dix-sept Verdiers et Rouges-gorges, soixante-dix-huit Grives musiciennes et quatre-vingt et un Gobe-mouches gris qui atteignent l'âge de prendre leur vol, mais ils sont quatre-vingt-huit chez le Gobe-mouches noir. Si l'on considère les pertes en œufs, le chiffre total de disparus est encore plus important. On peut dire de façon générale que sur cent œufs pondus par des oiseaux chanteurs nichant dans les creux, les deux tiers vivront, et seulement la moitié pour ceux qui nichent à ciel ouvert (un quart seulement chez les Rapaces). Des jeunes qui viennent d'éclore de la première nichée, ceux qui atteindront l'âge adulte représentent seulement 23 % chez le Rouge-gorge, 20 % chez le Bruant jaune, pour atteindre enfin 13 % chez la Mésange charbonnière, ce qui correspond à une mortalité des jeunes de 78 à 87 % au cours de la première année de vie. En opposition à cette énorme mortalité des jeunes, celle des adultes est relativement faible. On a constaté, chez une population de Rouges-gorges anglais que sur cent trente oisillons bagués, quatre-vingt-quatorze ont péri au cours de la première année de vie, dix-sept au cours de la deuxième, treize à deux ans, quatorze à trois ans, à l'âge de quatre ans trois, et seulement un entre cinq et neuf ans.

Tout de suite après la sortie du nid, il est évident que dans la nature les jeunes oiseaux prédominent. Mais leur taux élevé de mortalité provoque rapidement une augmentation de la proportion d'adultes.

Au cours des années, la population se compose différemment, selon l'âge atteint par l'espèce. Un exemple typique, pour les oiseaux chanteurs, est fourni par une population de Gobe-mouches noirs dans laquelle 59 % étaient représentés par des oiseaux d'un an, et seulement 3 % d'oiseaux de cinq ans. Par contre, chez les oiseaux vivant plus longtemps comme la Cigogne blanche, on comptait 17 % d'oiseaux d'un an, et encore 2 % d'oiseaux de cinq ans. De façon générale, les oiseaux de grande taille vivent plus longtemps que les petits. Parmi les passereaux, comme le Grand Corbeau, on en a vu atteindre, en captivité, l'âge de soixante-neuf ans, des Pinsons des arbres de vingt-neuf ans, des Fauvettes de plus de vingt ans, etc. Mais dans la nature les oiseaux n'atteignent jamais un âge aussi avancé.

Causes de la régression des petits oiseaux

L'état des effectifs, chez les oiseaux et en particulier chez les petits chanteurs, subit de grandes fluctuations d'une année sur l'autre — on connaît, par exemple, le cas des mésanges. Ces changements à court terme sont provoqués par de multiples circonstances que nous ne connaissons pas encore bien dans leur totalité. Certes, les facteurs climatiques jouent leur rôle, tant sur les lieux de nidification que sur ceux d'hivernage, ou pendant les migrations (pluviosité, vent, froid, etc.), ainsi que la quantité de nourriture accessible, le nombre de prédateurs, etc.

On peut cependant déclarer, d'une façon générale, que le nombre de petits oiseaux chanteurs est en régression continue, et s'il ne l'est pas partout, en tous cas certainement dans les grandes aires géographiques de leur habitat. Quelles sont les causes de cette régression? Avant tout, ce sont les changements profonds apportés dans l'agriculture, qui ont complètement modifié le paysage. Le pire, pour les petits oiseaux, c'est l'introduction de la culture industrialisée, qui cultive d'immenses champs d'une seule espèce de plante. Dans les régions où sont établies ces immenses monocultures, on a supprimé les breuils, les haies, les talus avec leurs arbres et buissons, on a asséché les mares et les étangs, remblayé les creux de terrain envahis de végétation sauvage, défriché les boqueteaux et abattu les arbres isolés. Dans certaines forêts, sont apparus également de grands changements, on plante des essences qui croissent rapidement, surtout des conifères. Dans ces cas, le paysage devient de plus en plus uniforme, et les oiseaux perdent certaines possibilités de nidification. De plus, il est notoire que l'établissement d'une monoculture amène l'établissement préférentiel de quelques espèces seulement: dans les forêts continues d'épicéas, les espèces d'oiseaux les plus abondantes se limitent à la Mésange noire, au Roitelet, au Pinson des arbres et, à part ces espèces-là, quinze ou vingt autres tout au plus, mais en très petit nombre. Dans les forêts mixtes et à essences diversifiées, le nombre d'espèces d'oiseaux qui y nichent est le double ou le triple, aucune espèce ne domine l'autre quant au nombre, la représentation de chaque espèce est nettement plus équilibrée. Dans les champs cultivés de très grande étendue, on ne rencontrera que l'Alouette des champs. Mais il suffit d'une haie embroussaillée ou d'un petit chemin bordé de quelques buissons pour qu'apparaissent les fauvettes, la Pie-grièche écorcheur, la Linotte mélodieuse, le Verdier et autres petits Passereaux.

Conserver un milieu diversifié, avec une mosaïque de biotopes aussi divers que possible, là où champs et pâturages alternent avec des bois et des plans d'eau, les breuils et autres coins de verdure, arbres, buissons, broussailles de toutes espèces, conserver un tel milieu est non seulement la réponse au besoin esthétique de l'homme, mais est indispensable au maintien et à l'augmentation du nombre d'oiseaux nichant dans nos régions. Cela ne vaut pas seulement pour la saison de reproduction. Ces éléments du paysage contribuent à maintenir toute l'année durant la variété de l'avifaune régionale.

L'extension de la monoculture conduit à la rupture de l'équilibre biologique et à l'accroissement de la multiplication d'une seule espèce ou de quelques rares espèces seulement, et le plus souvent il en résulte des dommages contre lesquels il est nécessaire de prendre des mesures de protection. Cela vaut en particulier pour les insectes nuisibles. Déjà l'homme n'est plus en mesure de rétablir l'équilibre et de juguler les nuisances animales; il en arrive à des moyens artificiels de lutte, à employer de plus en plus de produits chimiques. Les applications sur grande échelle de ces produits sont monnaie courante de nos jours, et pour plus de facilité, on en asperge même les forêts par avion. Nous rencontrons là une nouvelle cause de la réduction des effectifs de petits passereaux. Sur les étendues ainsi traitées, les insectes sont détruits en grande masse, l'alimentation des oiseaux est réduite d'autant, les parents nicheurs ne sont plus à même de nourrir leurs petits, eux-mêmes manquent de nourriture et périssent. La forte régression des effectifs du Bruant jaune et du Bruant ortolan, constatée dans certains pays, résulte de l'emploi de pesticide au mercure pour protéger les semis de blé. Après l'interdiction de l'usage de ce pesticide, on a pu constater en quelques années l'augmentation des effectifs de ces deux espèces de bruants.

Parfois, les insecticides ne provoquent pas la mort immédiate des oiseaux qui en ont avalé. Le plus grand danger provient de l'accumulation de ces insecticides dans la chaîne alimentaire. On le constate dans le cas d'un passereau arboricole typique, le Merle américain, dit aussi Merle migrateur. Aux États-Unis, on a traité d'immenses plantations d'ormes contre les maladies apportées par les insectes. Le DDT, des arbres, est tombé jusqu'au sol, et là, a touché les vers de terre, qui résistent à ce produit, mais n'en conservent pas moins une certaine quantité dans leurs tissus. Le Merle, qui consomme une grande masse de vers de terre, a ainsi absorbé une dose de poison trop forte pour la résistance de son système nerveux, et cet oiseau a été presque anéanti, frappé de mort par paralysie des membres. Le taux de mortalité a alors été extrêmement élevé, atteignant jusqu'à 86 % des effectifs en certaines régions, si bien qu'il y a maintenant un certain danger de voir s'éteindre le Merle migrateur.

Les insecticides provoquent souvent de graves troubles physiologiques, surtout dans les organes de reproduction. Ils provoquent une stérilité partielle ou complète, et réduisent le nombre d'œufs pondus. Ils agissent aussi sur la formation de chaux dans les coquilles, de sorte que les œufs, plus fragiles ou plus mous, se brisent facilement. On connaît surtout ce fait chez les rapaces, mais cela a été constaté également chez de nombreux passereaux.

Ce ne sont là que quelques-unes des causes principales de la régression de tant d'oiseaux. Cette réduction dépend de bien d'autres facteurs encore, et en conclusion on peut dire que la faute en incombe presque toujours à l'homme.

Protection des petits oiseaux

La défense des oiseaux ne repose pas seulement sur une protection passive de certaines espèces. Ce mode de protection a fait son temps — il faut le remplacer par une défense hautement active, qui repose avant tout sur la protection du milieu vital des oiseaux et sur une bonne réglementation.

Dans les campagnes trop «modernisées», le manque de nichoirs est ce qui touche le plus durement les oiseaux qui s'installent dans les creux et demi-creux pour y fonder famille. On peut pallier l'insuffisance de trous et creux naturels en installant des nichoirs et semi-nichoirs. Les oiseaux les adoptent de très bon gré, et il semblerait qu'ils y nichent même plus volontiers que dans les creux naturels. On trouve-

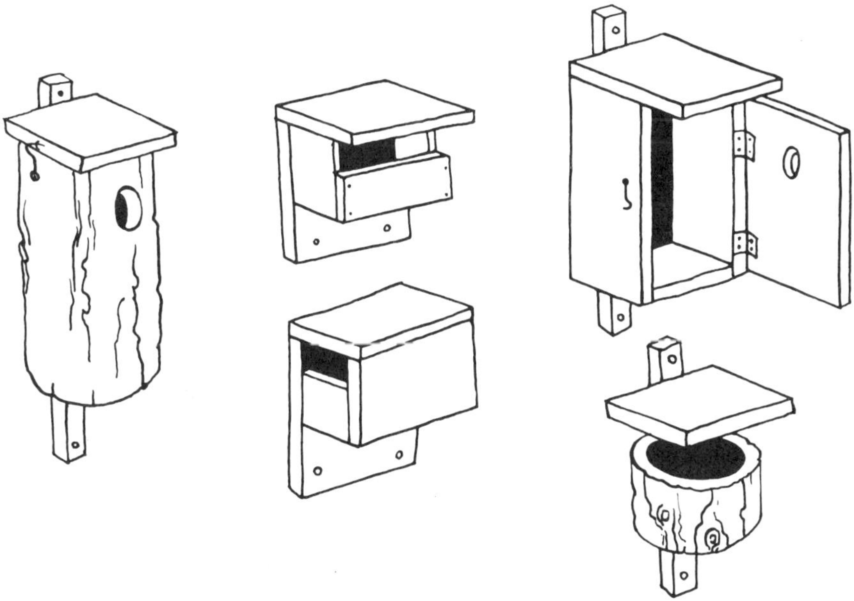

Divers modèles de nichoirs.

ra aisément dans la littérature consacrée à la protection des oiseaux la description des divers types de nichoirs (creusés dans un billot, montés avec des planchettes clouées, coulés avec de la fibre de bois), et tous les détails concernant leur fabrication. En ce qui concerne leur installation et répartition, rappelons que chaque couple exige un certain territoire de nidification et d'alimentation, territoire qu'il défendra contre les couples voisins, dont il n'admettra pas la présence sur ses terres. Il est donc absolument superflu d'accrocher des nichoirs trop près les uns des autres, éventuellement d'en suspendre quelques-uns à un seul et même arbre. Cela conviendrait tout au plus à l'Étourneau, qui a tendance à nicher en colonie. La plus petite distance entre les nichoirs, dans un bois feuillu ou mixte, ne devrait pas être inférieure à 25 mètres, et dans les bois de résineux comme dans une végétation sylvestre clairsemée, pas moins de 50 mètres.

Outre les oiseaux nichant dans les creux et semi-creux (Paridés, Sitelles, Grimpereaux, Gobes-mouches, Pipits et Bergeronnettes), on peut aider les petits Passereaux qui nichent librement dans les buissons ou sur les arbres (Turdidés, Fauvettes et Pouillots, Pies-grièches, Verdiers, etc.); cette aide reposera surtout sur le maintien et la protection de la végétation naturelle dans les bois et forêts, ainsi que dans

Poche à nicher.

les campagnes. On pourra aussi utilement planter toutes sortes de buissons dans les endroits que la culture ne peut utiliser (talus, pentes rocheuses, ravins, chemins creux, berges de ruisseaux, etc.). La contribution la plus précieuse sera la plantation de breuils, sortes d'îlots de verdure dans les régions dépourvues de bois et forêts, on le fera plus aisément avec la collaboration des chasseurs, qui sont fort intéressés par la création d'abris pour le petit gibier. Dans le choix des plantes ligneuses, il faut veiller à ce qu'elles établissent des abris suffisamment épais, et aussi à ce que leurs fruits procurent une partie de leur alimentation aux oiseaux (sureau, troène, églantier, épine noire, prunelle, sorbier, bourdaine, etc.).

On peut aussi installer fort utilement dans les arbres des «poches à nicher». On prend une botte de rameaux de pin (il ne perd pas trop vite ses aiguilles), ou de genêt à balai, et on la fixe au tronc, avec du fil de fer ou de la ficelle de la manière suivante: les extrémités plus fines et plus souples sont attachées en bas, puis on remonte les tiges en arc, vers le haut, et on les attache au tronc. On forme ainsi un creux, que l'on peut encore un peu garnir en nid, et où viendront peut-être nicher des Grives, Verdiers, Linottes, Troglodytes et autres espèces de petits Passereaux.

Les oiseaux nichant au sol (Bruants, Pouillots, etc.) sont aussi menacés par l'habitude de brûler les herbages. Même si les nids ne sont pas directement anéantis — c'est d'habitude tout au début du printemps que l'on fait brûler les vieilles herbes — les oiseaux perdent la possibilité de dissimuler leur nid, donc de nidifier, la société animale vivant dans l'herbe est également anéantie — et prive les oiseaux de leur nourriture.

Autre chapitre important aussi, dans la protection des oiseaux: leur nourrissage d'hiver. L'importance en est souvent sous-estimée et, dans les grandes villes surtout, mal appliquée. Souvent, on leur jette tout simplement les détritus alimentaires, mais ceux-ci ne peuvent convenir qu'à quelques petites espèces comme le Moineau, le Merle et parfois aussi le Verdier. Pour les Moineaux et les Merles (mais également pour la Tourterelle turque), cette façon sauvage d'alimenter les oiseaux peut mener à une indésirable surpopulation de ces espèces.

Nourrir les petits oiseaux en hiver est incontestablement rarement utile — par exemple en cas de situation catastrophique qui prive soudain les petits oiseaux de leur source habituelle de nourriture: un retour inattendu de l'hiver avec une épaisse couche de neige, de fortes gelées qui gainent les branches d'arbres d'une couche de glace, etc. Donner la pâture aux petits oiseaux, cela doit plutôt servir à les attirer, dans l'espoir qu'ils s'installent dans telle ou telle région. En trouvant en tel endroit une nourriture toute prête, les bandes de Mésanges, Sittelles et autres petits Passereaux cesseront d'être erratiques, elles resteront à proximité de ces riches sources alimentaires, passeront la nuit dans les nichoirs accrochés à proximité, et au printemps elles s'y installeront aisément pour nidifier. Nourrir les petits oiseaux, cela a en outre, c'est évident, une importance essentielle dans l'établissement de rapports amicaux entre l'homme et les oiseaux, le renforcement de ces liens, surtout entre les oiseaux et les enfants, qui ainsi apprendront à aimer la nature entière.

Mais dans certaines régions le nourrissage des oiseaux en hiver est rendu indispensable par la réduction de la variété de leur alimentation normale, due à la grande monoculture. Les petits oiseaux ont bien du mal à y trouver quelque chose à se mettre dans le bec. Et c'est ainsi que l'époque où les petits oiseaux ne survivront pas sans l'aide de l'homme n'est peut-être pas très éloignée.

Index des noms français

Index des noms latins

TABLE